青少年身体姿态纠正
锻炼手册

周 誉 冯 强 王延斌 著

中国农业出版社

北 京

目 录
Contents

第一章
青少年身体姿态问题需要引起重视

　　说到身体姿态，大家可能会想到我们中国的古话，"站如松，坐如钟"。可见，我们的老祖宗从很久之前就开始意识到保持良好的身体姿态的必要性。那么，良好的身体姿态除了给人以美的感受，对青少年的健康有什么好处呢？本章会详细阐述青少年保持良好身体姿态的必要性、导致不良身体姿态的原因，以及如何简单地评估自己的身体姿态。

一、当前青少年身体姿态异常发生率节节攀升

1. 为什么要保持正确的身体姿态

　　首先，正确的身体姿态是外在美的必要条件之一。我们都希望自己的外表看起来是美的，这里的"美"并不是说要打扮得花枝招展，而是得体舒适。我们在脑海里搜索一下描述男孩和女孩"美"的词语，很容易想到"气宇轩昂""亭亭玉立"这样的词汇，而这些词汇也比较直接地描述了良好的身体姿态给人带来的美好感受。试想，如果一个孩子站立的时候懒懒散散、含胸驼背，走路的时候脖子往前伸，眼睛往下看，我们会用"气宇轩昂""亭亭玉立"这样的词汇来描述他（她）吗？有着这样身体姿态的孩子，即便穿上漂亮的衣服，应该也不会给人以美的感受。

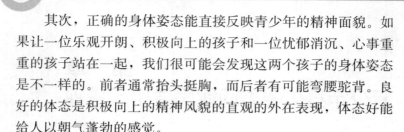

其次，正确的身体姿态能直接反映青少年的精神面貌。如果让一位乐观开朗、积极向上的孩子和一位忧郁消沉、心事重重的孩子站在一起，我们很可能会发现这两个孩子的身体姿态是不一样的。前者通常抬头挺胸，而后者有可能弯腰驼背。良好的体态是积极向上的精神风貌的直观的外在表现，体态好能给人以朝气蓬勃的感觉。

再次，青少年正处于生长发育的高峰期，良好的身体姿态能为组织器官的正常生长发育提供稳定的支撑和保护。而异常的身体姿态，将会成为各种病变的可能诱因。

另外，正确的姿势对肌肉也有好处，能免除肌肉进行不必要的静力性工作。当肌肉被迫静力性收缩时需要消耗更多能量，从而产生更多的乳酸并产生疲劳感。良好的身体姿态会使人在保持坐位和站立时都非常节省能量。

2. 青少年身体姿态异常的危害

正确的身体姿势给肢体功能提供基础保障，是人体正常工作的基本保证。而不正确的身体姿势将会导致身体某些地方出现继发性问题，比如成年人中常见的颈、肩、腰、背疼痛，还有高低肩、膝关节疼痛等问题。因此，我们要防患于未然，在青少年时期身体还没有出现继发性问题的时候就着手纠正自己的不良身体姿态，或者保证自己处于正确的身体姿态，这样能达到事半功倍的效果。但如果不掌握相关知识，往往会在身体出现问题后再去找导致这些问题的原因，才会发现身体姿态的异常。这就像房子一样，房子的地基有问题往往是在墙上出现裂缝后才被发现的。那么，异常身体姿态对健康的具体危害有哪些呢？

首先，异常的身体姿态会影响青少年的形体美和精神面貌。长此以往形成习惯后，很容易导致机体结构上的病变，影响内脏器官的正常生长，造成器官功能退化，生理机能无法正常运转，体质下降、易受伤，甚至自信心以及心理状态都容易受到影响。青少年中常见的驼背、探颈等错误姿态，轻则引起腰酸背痛、头痛、疲劳等不良反应；严重的更会诱发脊柱病变，影响胸廓发育，挤压心肺，压迫消化系统，引起消化不良，日渐消瘦。现代医学通过基础研究和临床实践，证实脊柱形态异常可引起运动障碍、呼吸困难、胸闷气短、视力模糊、心律失常、内分泌失调等众多病症。

其次，异常身体姿态会使身体产生不良的代偿变化。从生物力学角度对人体受力情况进行分析后发现，人体重心所在直线与地面垂直的时候，重力均匀分布在各骨骼、关节、肌肉和韧带上，整个人体处在一个完美的平衡点上，这时人体的运动最有效率也最安全。这种平衡的维持，需要人体各个部位的肌肉协同发力才能实现。如果身体某一部位出现了姿态问题，这种平衡就会被打破。身体为了重新找到平衡点，会进行代偿变化，造成一些肌肉由于长期的代偿而过度紧张，变得僵硬；另一些肌肉却因为长期废用变得极度软弱，在此基础上形成的平衡也是非常脆弱的。人体是一个复杂的不断变化的整体，一个环节出现问题，可能导致其他多个部位的功能都得不到正常的发挥。而为了弥补这些部位的功能不足，其他各个环节可能会出现更多的代偿。错误的动作不断出现，人体就会付出更多的代价进行修正，肌肉、关节或者组织器官的负荷就会不断增大，最终产生各种疼痛和不适，甚至造成难以挽回的病变，严重影响人体的生理健康。例如，颈痛是全球范围内第四大致残因素。研究表明，青少年颈痛在后青春期（16～18 岁）的发病率最高，达 20%～30%，并且如果青春期出现颈痛症状，则成年后患颈痛的概率增加。2013 年，巴西学者对里约 1102 名高中生进行了为期一年的追踪，研究日常姿势与颈痛间的相关性，揭示了身体姿态与颈痛间的高度相关性。研究结果显示，高中生颈痛患病率达 48.9%，每日以低头或弯腰姿势伏案超过 2 小时者，患慢性颈痛的概率显著增加。疼痛与我们的姿态、行为是相关联的。

3. 什么是正确的身体姿态

通过前面的详细阐述，大家已经了解了正确身体姿态的重要性。那么，正确的身体姿态是什么样的呢？只有了解了正确的姿态，才能敏锐地发现青少年的不良姿态。正确的身体姿态要求身体的各个部位都要保持在正确的位置上。

（1）站立位的身体姿态

我们从正面、侧面和背面三个角度来向大家介绍正确的身体姿态，主要观察部位包括足踝部、膝关节、腰椎-骨盆-髋关节、颈椎和头部。

①正面观（图 1-1）。

➢足部和踝关节：脚趾指向正前方，且双足平行，无扁平足或外旋。

➢膝关节：与脚尖在同一条垂线上，无内扣或外翻。

➢腰椎-骨盆-髋关节：骨盆处于水平位，两侧髂前上棘高度相等。

➢肩部：水平，没有高低肩和含胸。

➢头部：处于中立位，没有前倾、向一侧歪或旋转的情况。

②侧面观（图 1-2）。

➢足部和踝关节：处于中立

图 1-1　正确身体姿态正面观

位，小腿与脚底呈直角。

➤膝关节：处于中立位，没有屈曲或过伸。

➤腰椎-骨盆-髋关节：骨盆位于中立位，没有骨盆前倾和后倾。

➤肩部：没有过度圆肩、驼背的情况。

➤头部：处于中立位，没有过度向前伸出。

➤耳垂、肩关节中心、股骨大转子、膝关节外侧中央、外踝稍前方这几个点应连成一条垂直于地面的直线。

图 1-2　正确身体姿态侧面观

③背面观（图1-3）。

➤足部和踝关节：外踝等高，内踝等高，跟腱和足跟垂直于地面，足跟没有外翻、内翻和过度旋前。

➤膝关节：处于中立位，无内翻、外翻情况。

➤腰椎-骨盆-髋关节：骨盆处于水平位且与髂后上棘连线在同一水平面，两侧髂后上棘处于水平位且与脊椎中线等距。

➤肩胛骨：处于水平位，没有上提和前伸，肩胛骨内侧缘基本平行，两侧肩胛下角与脊柱等距。

图 1-3　正确身体姿态背面观

➢头部：处于中立位，没有向一侧倾斜，也没有旋转。

➢后脑勺中央、脊柱的所有棘突、骨盆的中线、两个膝关节内侧中心、两个踝关节内侧中心这几个点应连成一条垂直于地面的直线。

（2）坐位的身体姿态

人们常说"坐下来休息休息"，认为坐着比站着轻松，但这对于脊柱来说却是例外。平躺时，腰椎承受的压力最小；站立时次之，因为此时头部、上肢、躯干的重量都可以向下肢传递；坐位时，腰椎承受的压力最大。虽然坐位时脊柱受到的压力很大，但很多时候我们需要坐下，因此，在坐位下保持良好的身体姿态非常重要。坐下后，不要放松所有肌肉，懒散地坐着或把整个上身的重量都倚在椅背上；相反，我们还是应该努力保证某些肌肉仍在工作，不能完全放松。

➢身体保持坐位时，双脚应分开放在地上来提供良好的支撑，不要跷二郎腿。如果总跷二郎腿，容易造成胸椎和腰椎压力分布不均，导致骨盆两边不等高、腰椎后凸、引起脊柱变形，诱发腰椎间盘突出，导致慢性腰背疼痛。青少年处于生长发育期，跷二郎腿更容易导致驼背、双腿长度不一，甚至发生脊柱侧弯。

➢背部需保持正直，以维持和站立位时相同的脊柱曲度，保持肩关节放松下沉并与耳朵在同一条垂线上。背部如果前倾约70°，坐位时腰椎的负荷会立刻增加到平躺时所承受负荷的2.5倍。

➢尽量不使用椅子的靠背，因为靠在椅背上会不可避免地减小脊柱的生理曲度，从而增加椎间盘所承受的压力。另外，靠在椅背上会让你不再动员肌肉来保持上身挺直，而会依赖被动结构如韧带和关节囊来维持身体的位置。更不能上背部靠在椅背上使腰部悬空，这样会令腰背失去支撑，腰椎所承受的压力更大，容易造成腰椎骨盆错位。

所以，不管椅子多么昂贵、号称多么符合人体工效学设计，都不能保证使用者的良好坐姿，也就无法保证使用者不会因为久坐而出现颈背部疼痛。我们是否会因为久坐而出现颈背部疼痛，起决定因素的就是自己处于坐位的时间，以及是否采用正确的坐姿、肌肉的力量和柔韧性，这些都会影响我们颈背部的健康状态。在大多数情况下，其实我们很难在久坐时始终保持正确的坐姿，所以也应该坐一段时间后就站起来走走。

4. 青少年身体姿态异常的自测方法和判断标准

结构上的变化会导致肌肉失衡，肌肉失衡也会进一步导致结构上的变化，两者相互作用，形成一种恶性循环，这种恶性循环在处于高速生长发育期的青少年身上更加明显，所带来的不良影响也更为显著。因此，要定期对青少年进行身体姿态评估，及时发现青少年的身体姿态异常和不对称的情况，以便采取相应措施纠正这些情况，而不是仅仅处理青少年表现出来的症状（如肩痛、腰背疼痛等），只有这样，才能更好地促进青少年健康成长。我们的人体就好像一座房子，正确的身体姿态就是房子的地基。如果地基出现了问题导致墙壁上有了裂缝，但只是针对墙上的裂缝进行修补的话，裂缝迟早还是会出现，甚至可能裂得更大，或者在其他地方也出现裂缝。只有把地基的问题处理好，房子的裂缝才不会再出现。对于我们人体也是同样的逻辑。如果出现了颈肩疼痛，只是靠贴膏药、多休息来应对局部症状，可能会帮助我们一时渡过疼痛期，但这些会导致结构和神经肌肉适应的进一步紊乱。如果我们进一步找到这些症状的诱因，很可能会发现身体姿态出现了异常，这可能会帮助我们找到更加有效的措施。

看到这里，家长和老师免不了要问了，我们并不是专业人士，怎么为孩子评估身体姿态是不是正确呢？因此，本书为家长和老师提供了一套简便易行的身体姿态异常的测试方法，能很快地了解、测定青少年的身体姿态。这套身体姿态异常测试方法包括静态的姿势评估，以及一些动态下的动作评估，能帮助我们很快了解孩子是否存在姿态异常，以便采取相应干预措施或进一步求助专业人士。

　　（1）静态姿势评估

　　因为人类是直立行走的动物，每一步，足部都与外界环境产生相互作用，因此，静态姿势评估通常从双足开始，然后向上延伸，直到头部。很多时候，下肢的姿态变化或异常会在上肢也有相应的体现。静态姿势评估就是从正面、侧面、背面三个角度观察，对照前文中详细描述的正确身体姿态来判断青少年的身体姿态是否处于正常状态。本节内容会更加细致地介绍从正面、侧面、背面这三个角度观察青少年时，应该注意从哪些方面发现青少年的姿态问题。

　　在静态姿势评估时，需要让被评估的青少年保持颈部、肩部及背部的完全露出，穿着内衣、光脚，如留长发，则应扎起头发，因为披散的头发会影响我们观察背部、肩部和颈部的状况，而衣服穿着过多会让我们很难观察到身体的真实状态。因为我们需要观察到青少年在日常生活中最自然的状态，因此需要让被评估的青少年保持自然站立的状态，不需要刻意抬头挺胸摆出一个"好姿态"。

　　①正面观。

　　➢站姿：观察青少年站立时重心是否在中线，有没有重心向某一侧偏斜。

　　➢足部和踝部：双脚指向外的角度应该相同，双侧内踝等高，外踝也等高。

➤胫骨：我们的小腿由胫骨和腓骨两根骨头构成，胫骨就是位于内侧、更加粗的那根骨头，用手可以明显触摸到。仔细看两侧胫骨粗隆的位置，这可以反映胫骨是否有外旋和内旋的情况。胫骨外旋会导致外八字，并进一步引起足跟内翻，足弓与地面距离增加；胫骨内旋会导致内八字，并进一步引起足跟外翻，足弓与地面距离降低（图1-4、图1-5）。

图1-4　胫骨粗隆位置示意图

正常　　　　　　　　内八字　　　　　　　　外八字

图1-5　正常、内八字和外八字示意图

➤膝关节：观察两侧膝盖是否朝向正前方，两侧髌骨的位置是否一样，向内或向外转的角度是否一致。然后让青少年双脚并拢站立，观察是否有膝内翻（O型腿）或膝外翻（X型腿）的情况。膝内翻会导致大腿外侧肌肉拉长、内侧肌肉短缩，膝外翻会导致大腿内侧肌肉拉长、外侧肌肉短缩（图1-6）。

正常腿 　　　　　 X 型腿 　　　　　 O 型腿

图 1-6　正常腿、X 型腿和 O 型腿

➢骨盆：观察两侧髂前上棘是否等高，有没有一侧髂前上棘高一些的情况。如果两侧髂前上棘高度相差超过 1.0 厘米，就认为存在长短腿的情况（图 1-7）。

➢躯干：观察躯干的中线和下肢的中线是否在同一条直线上，判断躯干是否有偏斜和旋转。

➢肩关节：观察两侧肩部是否等高，斜方肌上束的轮廓是否左右对称。

➢头部：观察头部是否处在正中位，有没有向某一侧偏移或旋转。

图 1-7　髂前上棘位置图

②侧面观。

➢足部和踝部：观察脚踝是否垂直于地面，有没有背屈幅度增加（小腿与脚面的夹角变小）或减小（小腿与脚面的夹角变大）的情况。

➢膝关节：观察膝关节是否有屈曲或过伸的情况。有两个方法可以帮助我们快速判断，第一个方法：如果在左侧观察能看到右腿较多的腘窝或小腿部分，则提示右膝过伸，反之亦然。第二个方法：假想在受试者身上画一条中垂线（在外踝稍前方），如果膝关节在中垂线后面，则说明膝过伸（图1-8）。

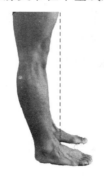

膝过伸　　　　　　膝正常

图1-8　膝过伸和膝正常的比较

➤骨盆：观察骨盆是否前倾（髂前上棘位于耻骨联合前方）或后倾（髂前上棘位于耻骨联合后方）（图1-9）。

骨盆正常　　　　　骨盆前倾　　　　　骨盆后倾

图1-9　骨盆正常、骨盆前倾和骨盆后倾示意图

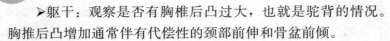
➢躯干：观察是否有胸椎后凸过大，也就是驼背的情况。胸椎后凸增加通常伴有代偿性的颈部前伸和骨盆前倾。

➢肩关节：观察肩关节是否与耳朵处于同一条垂直于地面的直线上，肩膀是否挺直，有没有肩部前伸（在这种情况下，正面观察时能看见更多的手背）的情况。

➢头颈部：观察是否有颈部前伸的情况，也就是头部明显向前超出肩关节。一般如果耳垂超过肩峰的水平距离 2.5 厘米，就认为有颈部前伸的问题。

③背面观。

➢足部和踝部：观察跟腱和足跟是否垂直于地面，是否有足内翻和足外翻的情况（图 1-10）。

足跟外翻　　　　　　足跟内翻
图 1-10　足跟外翻和足跟内翻示意图

➢膝关节：从背后观察，再次确认是否存在膝内翻或膝外翻。

➢骨盆：站在受试者背后，双手从腰部向内找到髂嵴，通过比较左右髂嵴是否等高来判断骨盆有没有向一侧倾斜。把双手放在两侧骨盆上，比较是否有一侧骨盆更加靠近评估者。如果右侧骨盆比左侧骨盆更靠近评估者，说明骨盆有顺时针旋转；如果左侧骨盆比右侧骨盆更靠近评估者，说明骨盆有逆时针旋转。

➢背部：让受试者双手抱胸，弯腰，用笔标出背后脊柱的一个个突起（棘突），再让受试者直起上身，观察这条由棘突连

成的线条是否直，是否存在弯曲。如果没有笔，也可让受试者
露出背部，测试者把手指屈起来，用食指和中指的指间关节沿
着受试者棘突两侧稍用力划下，根据背上留下的红色痕迹来观
察线条是直的还是弯曲的。如果线条弯曲，说明有脊柱侧弯。

➤肩胛骨：观察两侧肩胛下角和脊柱之间的距离、两侧肩
胛上角和脊柱之间的距离，看是否等距；观察两侧肩胛下角高
度是否相同（图 1-11）。

图 1-11　肩胛上角、肩胛下角到脊柱的距离

➤肩关节：观察两侧肩关节高度是否相等，如果高度相差
超过 0.8 厘米，就认为存在高低肩的情况。

➤头部：观察两侧耳垂是否等高，如果不等高，则说明可
能有头向一侧偏斜；观察两侧所能看到的脸颊是不是一样多，
如果从背后能看见某一侧更多的脸颊，则说明头部向该侧旋
转。长期、反复存在的颈部疼痛也会导致头部不由自主地向疼
痛的一侧偏斜、旋转，以减少不适感。

大家在了解了静态姿势评估的基本方法后，可以做一个有
心人，仔细观察自己，以及身边的家人、朋友和学生，看是否
存在身体姿态异常的情况。

（2）动态功能评估

除了静态从前面、侧面、后面观察青少年身体姿态，还可
以从动作中了解青少年可能存在的身体姿态问题。动作是人体

肌肉、骨骼、神经系统综合运转的外在表现，重复应力、损伤、静坐少动的生活方式等都可能会改变肌肉平衡、神经肌肉募集和关节运动，进而导致动作模式发生变化，引起不正确的身体姿态。在这里，向大家介绍几个简单的动作，也是从前面、侧面、背面来进行观察，从而评估身体的姿态。

①过顶深蹲。过顶深蹲这个动作可以反映青少年的动态柔韧性、核心力量、平衡能力和整体的神经肌肉控制（图 1-12 至图 1-14）。

动作详细说明：

➤准备姿势：青少年光脚站立，双脚分开与肩同宽，脚尖向前。双臂高举过头，肘部完全伸直。

➤动作：让青少年做深蹲的动作，然后回到起始姿势。家长或教师可以先演示给青少年看。

图 1-12　过顶深蹲正面观

图 1-13　过顶深蹲侧面观　　　　图 1-14　过顶深蹲背面观

➢从正面、侧面、背面观察青少年的动作。

√正面：在过顶深蹲动作中，足和膝关节应保持在同一条垂直线上。足部不应该有内翻、外翻或外八字，膝关节不应该有内翻或外翻。如果足部出现内翻、外翻或外八字的情况，长期如此可能会导致足底筋膜炎、跟腱炎、踝关节容易扭伤以及发生髌腱炎。如果膝关节有内翻或外翻的情况，长期积累可能会导致髌腱炎、前十字韧带损伤和髂胫束综合征。（图 1-15 至图 1-18）。

图 1-15　足外翻正面观

图 1-16　外八字正面观

图 1-17　膝内扣正面观

图 1-18　膝外翻正面观

√侧面：腰背部应该挺直，腰背部和手臂形成的直线与小腿大致平行。观察青少年是否有塌腰、弓背的情况，躯干是否过度前倾。如果有这些情况，长期积累可能会发生腰痛。观察手臂与躯干是否在一条直线上，是否有手臂上举不到位的情况。如果有这些情况，长期积累可能会导致头痛和肩关节损伤（图1-19至图1-22）。

图1-19 塌腰侧面观

图1-20 弓背侧面观

图1-21 过度前倾侧面观

图1-22 手臂上举不到位侧面观

　　√背面：观察青少年在完
成整套动作时脚跟是否离地，
如果有这种情况，长期积累可
能会导致足底筋膜炎、跟腱炎、
髌腱炎，并容易发生踝关节扭
伤。观察身体的重心是落在正
中间还是偏向某一侧，如果偏
向某一侧，长期积累可能会导
致腰疼和骶髂关节痛（图 1-23
至图 1-25）。

图 1-23　足外翻背面观

图 1-24　足跟离地背面观　　　图 1-25　身体重心偏向一侧背面观

　　②单腿蹲。单腿蹲这个动作同样可以反映青少年的动态柔
韧性、核心力量、平衡能力和整体的神经肌肉控制能力
（图 1-26）。

　　动作详细说明：

　　➤准备姿势：青少年光脚站立，双手叉腰，目视前方，抬
起一侧脚，支撑脚朝前。

　　➤动作：让青少年缓慢做下蹲的动作，蹲到不能再继续下

蹲为止，然后回到起始姿势，左右各重复 1～3 次。

➢从正面观察青少年的动作。支撑腿的膝关节应该和足部呈一条直线，髋关节和膝关节应保持水平，且没有旋转（图 1-27）。

➢如果出现膝关节内扣，提示臀大肌和臀中肌力量可能较弱或神经肌肉控制较弱。

➢如果支撑侧髋关节下降，抬起侧髋关节上抬，提示支撑侧臀中肌和髋内收肌可能力量较弱或神经肌肉控制较弱（图 1-28）。

图 1-26　单腿下蹲动作示意图

图 1-27　膝关节内扣

图 1-28　支撑侧髋关节降低

➢如果支撑侧髋关节上抬，抬起侧髋关节下降，提示支撑侧臀中肌和腰方肌可能力量较弱或神经肌肉控制较弱（图 1-29）。

➢如果躯干朝支撑侧旋转，提示臀中肌、臀大肌、支撑侧腹外斜肌、对侧腹内斜肌可能力量较弱或神经肌肉控制较弱（图 1-30）。

图 1-29　支撑侧髋关节抬高

图 1-30　躯干朝支撑侧旋转

➢如果躯干朝支撑侧对侧旋转，提示臀中肌、臀大肌、支撑侧腹内斜肌、对侧腹外斜肌和髋内收肌可能力量较弱或神经肌肉控制较弱（图 1-31）。

③俯卧撑。这个动作可以评估骨盆、肩部和颈椎稳定肌的功能。

动作详细说明：

➢准备姿势：青少年俯卧，双手分开与肩同宽并撑地，双膝伸直，双脚尖撑地；

图 1-31　躯干朝支撑侧对侧旋转

如果力量不足可以改为双膝撑地（图 1-32）。

图 1-32　准备姿势

➤动作：手臂用力撑起身体，直到肩胛骨前伸。然后回到起始位置。重复 5～10 次（图 1-33、图 1-34）。

图 1-33　俯卧撑姿势

图 1-34　俯卧撑动作变式——手膝支撑

➤从侧面观察，躯干应挺直，不应有塌腰、弓背、耸肩、翼状肩、头部前伸的情况。

√ 如果出现塌腰、弓背的情况，提示核心稳定肌群力量较弱或神经肌肉控制较弱（图 1-35、图 1-36）；

图 1-35　塌腰侧面观

图 1-36　弓背侧面观

√ 如果耸肩，提示使肩胛骨上提的肌肉过紧，而斜方肌中束、下束力量较弱或神经肌肉控制较弱（图 1-37）；

图 1-37　耸肩侧面观

√如果出现翼状肩，也就是肩胛骨向外突出，而不是正常贴着背部保持平板状，提示前锯肌、斜方肌中束和下束力量较弱或神经肌肉控制较弱（图1-38）；

图1-38　翼状肩侧面观

√如果头部过度前伸，提示颈部深层的屈肌群可能力量较弱或神经肌肉控制较弱（图1-39）。

图1-39　颈部过度前伸侧面观

④站立哑铃过头举。我们每天都有很多动作涉及举，比如把东西放到高处等。站立，哑铃过头举可用来评估在举的动作中，骨盆、脊椎和肩部的稳定性和活动度。

动作详细说明：

➤准备姿势：青少年站立，双脚分开与肩同宽，脚尖朝前。选择一个重量适中，可以重复举10次的哑铃，如果没有哑铃，使用矿泉水瓶，通过增减瓶子里的水量来调节重量（图1-40）。

➤动作：让青少年举起哑铃或矿泉水瓶过头顶，然后回到起始姿势，重复 10 次（图 1-41）。

图 1-40　准备姿势

图 1-41　站立哑铃过头举

➤从前面和侧面观察，青少年的腰椎、颈椎应保持中立，不应有腰椎过度前凸、头部过度前伸的情况；肩部应保持水平，不应耸肩；手臂应伸直，两臂贴近耳朵，不应有屈肘或手臂前移（下落）的情况。

√如果塌腰，提示屈髋肌群较紧张，躯干核心稳定肌群和臀大肌力量较弱或神经肌肉控制较弱（图 1-42）。

√如果耸肩，提示使肩胛骨上提的肌肉过紧，而斜方肌中束、下束力量较弱或神经肌肉控制较弱（图 1-43）。

√如果手臂前移（下落）或屈肘，提示胸肌较紧张，肩袖肌

图 1-42　侧面观——塌腰

群、斜方肌中束和下束力量较弱或神经肌肉控制较弱（图1-44、图1-45）。

图1-43　耸肩正面观　　　　　　　图1-44　手臂前移侧面观

√如果头部过度前伸，提示颈部深层的屈肌群力量可能较弱或神经肌肉控制较弱（图1-46）。

图1-45　屈肘正面观　　　　　　　图1-46　头部过度前伸侧面观

⑤肩部动作测试。肩部动作测试包括水平外展、旋转和屈曲三个动作，这三个动作可充分暴露肩关节可能存在的问题。

动作详细说明：

➤准备姿势：青少年站立位，脚跟、臀部、双肩和后脑勺靠在墙上，并保持腰部呈中立位，不能有腰椎的过度前凸。

➤肩关节水平外展：双臂前平举，掌心相对，大拇指朝上，然后肘部伸直，双臂水平外展向墙面靠近，在没有代偿动作的前提下尽可能让手背贴近墙面（图1-47、图1-48）。

图1-47　肩关节水平外展准备姿势

图1-48　肩关节水平外展终末姿势

√从前面和侧面观察是否有耸肩、肩离开墙面的现象（图 1-49、图 1-50）。

图 1-49　耸肩正面观　　　　　　图 1-50　肩离开墙面侧面观

√如果耸肩，提示使肩胛骨上提的肌肉过紧，而肩袖肌群、菱形肌、斜方肌中束、下束力量较弱或神经肌肉控制较弱；

√如果肩离开墙面，提示位于前胸的胸大肌和胸小肌较为紧张，而肩袖肌群、菱形肌、斜方肌中束、下束力量较弱或神经肌肉控制较弱。

➢肩关节旋转：肩外展 90°，肘关节水平屈曲 90°。保持上臂位置不变，前臂向下，向墙壁靠近，手掌朝向墙壁（这是肩关节内旋的动作）；然后继续保持上臂位置不变，前臂向上，向墙壁靠近，手背朝向墙壁（这是肩关节外旋的动作）。在动作全程，上臂都应与地面平行，不得上抬或下降。测试合格的标准是肩关节内旋时运动到末端时，前臂与墙面的夹角小于 20°；肩关节外旋时运动到末端时，手背能贴住墙壁，内旋和外旋时都不应有额外的代偿动作（图 1-51 至

图 1-53）。

图 1-51　肩关节旋转准备动作　　　　图 1-52　肩关节内旋动作

图 1-53　肩关节外旋动作

　　√在肩关节内旋动作中，如果手离墙壁较远，提示小圆肌和冈下肌较为紧张，而肩胛下肌和大圆肌力量不足或神经肌肉控制较弱；如果肩离开墙面，提示位于前胸的胸大肌和胸小肌较为紧张，而肩袖肌群、菱形肌、斜方肌中束、下束力量较弱或神经肌肉控制较弱；如果耸肩，提示使肩胛骨上提的肌肉过紧，而肩袖肌群、菱形肌、斜方肌中束、下束力量较弱或神经肌肉控制较弱（图 1-54 至图 1-56）。

图 1-54　手远离墙面

图 1-55　肩离开墙面

图 1-56　耸肩

√在肩关节外旋动作中，如果手离墙壁较远，提示肩胛下肌、胸大肌、大圆肌和背阔肌较为紧张，而小圆肌和冈下肌力量不足或神经肌肉控制较弱（图1-57）。

➢肩关节屈曲：肘关节伸直，拇指朝前，然后双臂向上伸展靠近墙面，在没有额外代偿动作的前提下拇指尽可能贴住墙壁（图1-58、图1-59）。

图1-57　手远离墙面

图1-58　肩关节屈曲准备姿势

图1-59　肩关节屈曲动作

√从前面和侧面观察是否有耸肩、腰椎过度前凸的现象；

√如果耸肩，提示使肩胛骨上提的肌肉过紧，而肩袖肌群、菱形肌、斜方肌中束、下束力量较弱或神经肌肉控制较弱

（图 1-60）。

　　√如果腰椎过度前凸，提示竖脊肌、背阔肌、胸大肌、胸小肌可能较为紧张，而肩袖肌群、菱形肌、斜方肌中束、下束力量较弱或神经肌肉控制较弱（图 1-61）。

　　图 1-60　耸肩正面观　　　　　　　图 1-61　腰椎过度前凸侧面观

　　⑥四点跪位测试。这个测试评估的是青少年的姿势稳定控制能力。

　　动作详细说明：

　　➤准备姿势：青少年手膝位支撑，俯身跪于垫子上，腰椎保持自然伸直（图 1-62）。

图 1-62　四点跪位测试准备姿势

➢动作：抬起对侧手和腿，使身体保持在同一水平面内，保持腰椎自然伸直；肘和膝在平面内屈曲靠拢并接触，然后恢复起始姿势。左右各重复1~3次（图1-63）。

图1-63　四点跪位测试动作

➢观察青少年在动作中是否有骨盆、躯干的旋转，是否塌腰。如果出现塌腰，则说明儿童青少年的姿势稳定控制能力有待加强（图1-64、图1-65）。

图1-64　骨盆、躯干旋转

图 1-65　塌腰

5. 青少年常见姿态异常的发生率

目前，对于我国青少年身体姿态异常发生率的调查相对较少。在这里列出几个已发表的数据，大致可看出青少年身体姿态异常的发生率其实并不低，甚至说是比较高发，这值得引起家长、教师、学校乃至全社会的关注。

2007 年 4 月，北京市国民体质监测中心联合相关机构和部门，对青少年的身体姿态进行了测评。研究结果显示，有 80% 的青少年存在异常身体姿态。专家组随机抽样调查了北京市 102 名初一学生（男生 55 名，女生 47 名），他们的年龄为 13～14 岁，测评受试者在自然状态的坐姿、站姿、走姿、跑姿及腿形。结果显示，坐姿中弯腰驼背占 23.6%，站姿中头位不正者占 41.2%，走姿中探颈、驼背比例高达 46.1%，高低肩占 38.3%，X 型腿、O 型腿占 17.7%，各项均良好者仅占 12.8%。

2010 年，学者抽取年龄在 13～18 岁的青少年 1817 人，分自然立正和提示立正两种站姿对青少年身体姿态进行测量分析，探讨探颈、驼背、O 型腿及 X 型腿等异常姿态发生现状及其特征。结果表明，青少年异常身体姿态发生率相对较高的是探颈（自然立正时 58.8％，提示立正时 23.67％），其次是驼背（自然立正时 11.72％，提示立正时 7.17％），O 型腿（自然立正时 19.15％，提示立正时 9.52％），X 型腿（自然立正时 7.32％，提示立正时 1.82％）。仔细阅读数据，我们会发现，自然立正姿势下各异常身体姿态发生率都大于提示立正姿势，这表明有部分学生经过提示后，自我矫正的可能性是很大的。这提示广大体育教师、家长，若能及早发现孩子的异常身体姿态，使其身体姿态在未发生结构性异常变化之前就得到矫正，则能一定程度上减少青少年异常身体姿态的发生。

2016 年，学者通过对北京、天津两地共 400 名初高中生进行脊柱形态与功能的全面测试，得出结论：我国青少年脊柱异常率超过国外学者界定的正常范围的比例较高，总体发生率在 30％以上，且以胸椎后凸角（TKA）较大（也就是通常所说的驼背）以及腰椎总体活动度不足者占多数，这也是青少年发生非特异性腰背疼痛的危险因素。

中国教育科学研究院的一项研究采集了 631 名高中生的身体姿态数据，结果不容乐观。在研究所调查的这些高中生中，95.9％的学生有颈部前伸的情况，29.2％的学生有高低肩的情况，26％的学生有长短腿的情况（以两侧大转子高度差超过 1 厘米作为标准），13.2％的学生存在两侧肩胛骨不对称的情况，11.3％的学生存在驼背的情况。

大家在看见这些数据的时候，可以结合前文中介绍的身体姿态评估的方法，回想一下自己班级学生或日常生活中所见到青少年的情况，身体姿态异常的孩子所占百分比是否贴近这些数字。

二、身体姿态异常的原因

通过前文的阐述，大家应该了解了保持正确身体姿态的重要性。那么，有哪些因素会导致异常的身体姿态呢？我们只有知道造成异常身体姿态的因素，才能在日常生活中有意识地避免这些问题。

在生活中，有很多原因会导致我们的身体姿态发生异常改变，包括：

- 习惯性动作模式
- 重复性动作引起的动作模式改变
- 疼痛引起的动作模式改变
- 损伤引起的动作模式改变
- 手术引起的动作模式改变
- 身体活动水平下降导致肌肉力量薄弱
- 体重增加但肌肉力量没有提高
- 焦虑、抑郁等心理因素
- 体育测试的导向性
- 薄弱的肌肉
- 受周围人的错误姿势影响（儿童会模仿大人的姿势）

1. 习惯性动作模式

我们需要重视日常习惯性动作模式对人长期潜移默化的影响。很多常见的不良姿势习惯都是人们在不经意间形成的，如果不特别指出来，很多人甚至都意识不到自己在生活中有很多不良姿势习惯。比如很多人在坐着时喜欢翘二郎腿，这样会造成腰椎和胸椎压力分布不均，导致骨盆两边不等高、腰椎后凸，引起脊柱变形，诱发腰椎间盘突出，导致慢性腰背疼痛。很多学生喜欢用一侧的肩膀背很重的书包（不止是斜挎包，学生只用一侧肩膀背双肩包也是非常常见的现象），这样慢慢肩部就负重过多，身体无法处于中立位，向负重多的一侧倾斜，并持续在这个不平衡的状态下行动。长此以往，身体习惯了稍微倾斜的动作模式，那么即使是在不负重的情况下，也会不自觉地处于倾斜的状态。青少年长期伏案学习、面对电脑（尤其是近视，看不清书本或屏幕的情况下）会造成颈部和肩部功能障碍，引起异常姿态，如颈部前倾、驼背等。

2. 重复性动作引起的动作模式改变

如果长时间、反复保持某一姿势而没有充分牵伸，结缔组织和肌肉会变得紧张和短缩，肌肉弹性改变。比如久坐时髂腰肌一直处于短缩状态，最终会适应并趋向于保持在短缩的状态。这些短缩的肌肉会阻碍身体变换到更舒适的姿势，人体不能主动运动离开诱发疼痛的姿势。对于这一点，很多人通常注意不到，因为身体非常善于找到代偿动作来完成想要的动作。久而久之就会造成身体姿态的改变。例如，现在的青少年以及白领需要有大量时间处于坐位，如果没有拉伸来抵消长期处于坐位的影响，那么最后髋关节屈肌群、小腿、腰部、上胸部、位于枕骨之下的肌肉和颈部前方的肌肉就会短缩，使得头部和肩胛骨有前伸的趋势，背部中段会变圆，腰部过度前凸。如果没有采取措施来抵消学习和生活中持续或过度采用的某种姿势的影响，身体会为了适应这种姿势而将这种短缩当作是正常模式。当人体离开常用姿势进行其他对短缩结构产生张力的活动时，反而会产生不适的感觉。

3. 疼痛引起的动作模式改变

人体是一个很智慧的系统，如果出现疼痛，机体会做出代偿性动作来缓解、避免疼痛或完成某个动作，这种代偿性动作甚至有时候是我们意识不到的。如果疼痛持续了一段时间，等疼痛缓解或消失，如果自己没有发现，或者没人提醒，可能机体依然下意识地保持这种适应性模式。举个很简单的例子，很多人都崴过脚，崴脚后，为了避免疼痛，伤侧的脚可能会脚尖点地走路，并主要靠健侧腿支撑体重。人体以这种方式生活了几天之后，在伤侧恢复后，会一时半会不能立刻以正常的姿势走路，还是习惯性地脚尖着地，而且身体向没有崴脚的一侧偏斜。再比如落枕，这也是一个很多人都有过的经历。落枕后，脖子不能随意转动，一转动就会疼。如果这时后面有人喊你的名字，通常情况下你会直接转头去看是谁在喊你，但现在你落枕了不敢转头，只能把整个上半身都转过去。如果落枕一直存在的话，每当需要转动脖子的时候你都需要转动腰部，这样持续几天后，你就会很习惯性地直接转动腰部，而忘了转动脖子。而这样腰部就代偿性地完成了本该颈部完成的工作，增加了腰部承受的负荷，长期以这种错误模式生活的话就容易导致腰椎发生问题。

这两个例子很贴切地给大家描述了肢体和躯干发生疼痛后动作模式的改变，除了踝关节和颈椎，身体其他部位的疼痛也都有可能会导致身体姿态的改变。

4. 损伤引起的动作模式改变

损伤除了会引起疼痛而造成动作模式改变外，损伤引起的制动（比如需要打石膏固定）也可能会引起软组织的短缩，以及肌肉力量的下降。肌肉的短缩和紧张通常伴随拮抗肌群的拉长和变弱，这就打破了肌群之间的平衡，从而导致身体姿态的改变。

5. 手术引起的动作模式改变

手术从两个方面会引起动作模式的改变。首先，在受伤后的手术前和手术后初期，由于疼痛及制动可能需要人体采用代偿性的运动模式来完成日常活动。如果在手术后康复没有及时介入，没有帮助患者重建正确的动作模式，改变已形成的代偿模式，可能这种代偿模式就会固定下来成为患者习以为常的动作模式，从而导致身体姿态的改变。第二，手术会留下瘢痕，而瘢痕是一种纤维结缔组织，瘢痕的质地坚韧又缺乏弹性，因此会拉扯筋膜、皮肤，影响肌肉和关节功能。

6. 身体活动不足

我国从改革开放到现在，总 GDP 稳定位居世界第二位，经济发展驶上了快车道，科技发展日新月异，人们的生活方式发生了翻天覆地的改变。与此同时，新的生活方式也导致了人们的身体活动大幅下降。有研究显示，从 1991 年到 2009 年，我国居民身体活动下降幅度高达 51%，居世界第一。

现在我们的工作和家庭环境已经被手机、电脑和其他各种科技用品包围，孩子们坐车上学，在学校中大部分时间都坐在教室中，放学坐车回家后，要坐着写作业或面对电脑写作业，休息的时候看看电视、玩玩电脑。现在的青少年除去 8 小时睡眠时间，每天至少有 12 个小时处于静坐少动的状态。而且，在当前"互联网＋"的新业态下，科技产品设计和各种服务都越来越趋向于减少人们的身体活动。比如，以前我们需要自己扫地、拖地，而现在我们只需要在手机 App 上轻轻一点，或者语音操控，就能让扫地机器人把家里打扫得干干净净；再比如，我们以前需要自己去商店买东西，20 世纪 70 年代至 90 年代生人小时候应该都有帮家长去商店打酱油的经历，但现在只需要在互联网上下单，快递员就会把我们买的东西送到家；以前的楼房少有电梯，我们需要爬楼梯，但现在高层楼房越来越多，我们需要爬楼梯的时候越来越少。这些极度方便的产品和服务成为了家庭日常，人们的身体活动越来越少，不再需要花费大量业余时间在身体活动上。

除了生活环境的改变，孩子们的休闲娱乐方式也大不相同。让我们回想一下 20 世纪 80 年代及 90 年代初的孩子们是怎样度过课余时间的呢？过去电视机普及率不高，也没有丰富的节目供选择，回家写完作业后，小伙伴们会约在一起在户外玩耍，跳绳、踢毽子、打羽毛球等，都是活跃的活动方式。而现在，课外时间，更多学生选择躺着、坐着玩手机、玩电脑这些静坐少动的行为。未来，孩子们生活中身体活动的总时间还将继续减少。

人体依靠骨骼肌收缩带动骨骼，从而产生运动。可以把这些肌肉想象成被拉长的橡皮筋。运动时，肌肉就像橡皮筋一样被拉拽，肌肉弹性越好，运动就会越顺畅。但是，如果长期缺乏身体活动，肌肉就得不到应有的运动，会怎么样呢？没有用来做过运动的肌肉不会在休息时变强壮或者放松，相反，这些肌肉会变得紧张和短缩。当需要使用这些肌肉进行工作时，它们很容易变得疲劳并产生疼痛。人的身体需要平衡发展，举个例子，身体腹侧的肌肉有将身体其他部位向前拉的趋势，如果这些肌肉变短，将会造成弓腰的不良姿势。

（1）青少年如何判断身体活动是否达标

现在我们已经知道身体活动不足会造成身体的异常姿态，那么，我们怎么来判断自己运动量是否达标呢？

①借助器具。

• 计步器

得益于科技的发展，我们现在有很多工具来采集自己的运动数据，比如运动手环、很多手机 App，都可以采集到我们每天的步数。步数虽然不能反映出力量练习的情况，但总体来看是一个比较简单直观反映每天活动量的指标。可以根据下面我们列出的标准，来判断自己活动量是否达标。

不足 1000 步：活动量太少，必须远离沙发、座椅，尽量让自己多站起来走走；

1000～3000 步：缺乏运动，这个活动量不利于身体健康；

3000～5000 步：需要试着加大户外运动量；

5000～10000 步：活动量比较充足，但还需要更多的运动；

超过 10000 步：现在运动对健康的益处开始出现了。

• 心率表

步数虽然是一个很好地反映一天活动量的指标，但也存在两个问题，一个是力量练习得不到体现，一个是不能反映运动强度。而运动强度是运动产生健康效益的非常重要的一方面。诸多研究表明，虽然低强度运动对健康也有一定的益处，但中高强度运动的健康效益明显更高。也就是说，如果两个人的运动量同样反映在步数上是 10000 步，但一个人是慢悠悠地步行了 10000 步而没有心跳加快、出汗，另一个人是跑步达到了 10000 步且气喘吁吁、大汗淋漓，显然后者从这 10000 步的运动量中获得的健康效益更高。所以，除了步数以外，在运动时，我们还可以通过心率来大致判断运动量。现在市面上也有很多产品能在运动时实时采集心率数据。

②自测方式。

如果能在运动时佩戴这类产品当然很好，但如果没有的话，我们也可以自己摸桡动脉或者颈动脉来掌握心率情况。

• 摸桡动脉

手掌朝上，桡动脉在手腕的大拇指侧，用另一只手的食指、中指和无名指指腹轻压在桡动脉上，数 15 秒的脉搏数，然后乘 4，就可得到 1 分钟的心率（图 1-66）。

• 摸颈动脉

颈动脉在颈部的两侧，当人抬头的时候颈部两侧各有一条

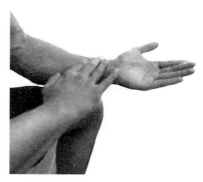

图 1-66　摸桡动脉测试心率方法

大的长条状的肌肉，叫作胸锁乳突肌。胸锁乳突肌的前缘深部就是颈动脉。用一只手的食指、中指和无名指指腹在胸锁乳突肌前缘向深部轻压，就能感受到动脉搏动。数 15 秒的脉搏数，然后乘 4，就可得到 1 分钟的心率（图 1-67）。

图 1-67　摸颈动脉测试心率方法

（2）使用心率判断运动强度

运动结束，即刻数脉搏来得到自己 1 分钟的心率，然后使用心率来判断运动强度。常用的方法有两个，最大心率法和心率储备法。

①最大心率法。

先使用公式，根据年龄推算出最大心率：

最大心率（HRmax）＝206.9－年龄×0.67

然后按照实际心率占最大心率的百分比得到运动强度：

低强度：低于60％HRmax

中等强度运动：60％～80％HRmax

高强度：高于80％HRmax

②储备心率法。

储备心率法包括两个公式：

最大心率（HRmax）＝206.9－年龄×0.67

靶心率＝（最大心率－安静心率）×目标运动强度＋安静心率

举个例子，小明今年15岁，安静心率为每分钟60次，在运动中希望达到75％～85％的强度，那么，他在运动中应该达到的心率范围是多少呢？

最大心率＝206.9－15×0.67＝196.85≈197次/分

靶心率（75％）＝（197－60）×0.75＋60

＝162.75≈163次/分

靶心率（85％）＝（197－60）×0.85＋60

＝176.45≈176次/分

所以，如果小明希望以75％～85％的强度运动，那么他的心率应保持在163～176次/分。

看到这里，大家可能会有疑问，这两个方法的区别是什么呢？虽然第一个方法更加简单，但第二个方法考虑到每个人安静心率的差异，因此得到的心率范围更加个性化。举个例子，小明和小佳都是15岁，小明的安静心率是60次/分，小佳的安静心率是85次/分，他们希望以65％～80％的中等强度进行运动。如果使用最大心率法，他们需要达到的心率都是128～158 次/分；如果使用储备心率法，小明需要达到的心率是 149～170 次，小佳需要达到的心率是 158～175 次。显然，使用储备心率法能更准确地限定心率范围。

我国以及欧美很多国家，包括美国、加拿大、英国等，都发布了权威指南，建议青少年每天至少进行 1 小时中等强度及以上的身体活动。因此，在运动时，除了运动量外，我们还应关注运动强度。并不是说在户外悠闲地散步 1 小时就达到了身体活动强度标准，而是要进行有效的、中等强度及以上的运动，所以，在运动中监测自己的心率、随时掌握自己的运动强度是非常必要的。

7. 体重增加但肌肉力量没有提高

单纯从力学的角度来看，体重的增加尤其是腹部脂肪的增加给脊柱周围的肌肉和软组织都带来很大的负担。我们人体任何部位进行运动、保持良好的身体姿态都需要肌肉收缩来完成，脂肪是无法进行这项工作的。如果体重增加而肌肉力量没有相应提高的话，很可能就会发生肌肉无法支撑体重的情况，无法保持人体处于正确姿态。

8. 焦虑、压力过大等因素

青少年在成长过程中会遇到很多事情带来的压力，比如学业、人际交往、师生关系等。通常青少年应对压力的调节能力不如成年人，有时就会受到不可控的压力的影响。

一方面，焦虑、压力过大本身就容易让人呈现一种垂头丧气的不良身体姿态；另一方面，激素平衡分泌是调节压力的关键因素，当我们持续焦虑、紧张、受挫或生气时，机体就会分泌大量的皮质醇。皮质醇可刺激血管收缩变细，血液运输受阻。就像有人踩在水管上不让水流出来一样。如果血液循环不良，肌肉细胞就得不到充足的营养物质和氧气，进而出现乳酸堆积、肌肉酸痛、容易疲劳、僵硬和紧张等情况。另外，长期的过度压力会导致失眠、肌肉张力增高等症状，这些问题都可能会导致身体姿态的不良改变。

9. 薄弱的肌肉

薄弱的肌肉会导致姿势异常。身体姿态的维持需要良好的肌肉力量，骨骼和韧带是无法起到维持身体正确姿态作用的。因此，如果肌肉力量不足以对抗重力的作用，人体自然很难维持正确的身体姿态，呈现佝偻的状态。

10. 受周围人的错误姿势影响

大家小时候是否有过类似的经历？周围有一个说话结巴的小伙伴，自己觉得好玩学他说话，结果自己说话也结巴了。对于身体姿态也是一样，青少年喜欢模仿大人或同伴的姿势。如果家长有一些错误习惯，如跷二郎腿、懒散地窝在沙发中；或者有些不正确的身体姿态，比如驼背，儿童很容易"学习"到这些错误习惯或模仿这种身体姿态，进而也形成了不正确的身体姿态。

11. 体育测试的导向性

我国青少年所面临的主要体育测试包括每年的国家学生体质健康测试和体育中考。国家学生体质测试项目包括50米跑、坐位体前屈、1分钟跳绳、1分钟仰卧起坐、50米×8往返跑、引体向上、1000米跑或800米跑及肺活量测试。各地体育中考内容不尽相同，如北京体育中考有投掷实心球、足球（篮球、排球），上海体育中考有游泳、垫上运动（单杠、双杠）、足球（篮球、排球）等。这些体育测试中涉及力量的测试项目有仰卧起坐、引体向上和投掷实心球，这些项目评价的都是大肌肉群的力量，而没有涉及维持身体姿态的小肌肉群。我们知道，在教育实践中往往存在"考试是教育的指挥棒"的现象，尽管这种做法不对，但我们需要承认这种做法普遍存在。因为体育测试关注大肌肉群的力量，所以教师在平时体育课指导学生时也围绕测试项目设计一些针对大肌肉群的练习，家长也更多地关注能让孩子体育测试达标的各种练习，而忽略了维持身体正确姿态的小肌肉群。这些小肌肉群长时间得不到锻炼，用进废退，慢慢地就越来越弱，丧失了维持身体姿态的能力，身体姿态就相应地发生了改变。

第二章
常用的锻炼方法

在这一章，我们主要介绍一些增加肌肉弹性和延展性的方法，增加肌肉力量的方法，以及增加关节活动范围和灵活性的练习方法。平时体育老师和家长可以从这些练习方法中挑选一些带着孩子进行练习。

一、增加肌肉延展性和弹性的方法

1. 静态牵伸

静态拉伸是一种将肌肉拉伸至极点，静止不动并保持30～60秒的持续拉伸方法，通常用于运动结束后的放松。静态牵拉能够提升肌肉的延展性，对于长期预防运动损伤是十分必要的。

青少年在家里或者学校长时间伏案学习后，应该进行一下自我静态牵拉。自我静态牵拉可对内脏产生一定程度的挤压作用，有利于心脏泵血运动和促进血液循环，使更多的氧气能供给各个组织器官。同时由于上下肢的活动，能使更多的富含氧气的血液供给大脑，使人感到清醒舒适。所以，经常进行自我牵拉，活动活动四肢对解除疲劳是绝对有好处的，也是让你在枯燥的学习生活中保持旺盛精力的"法宝"。

以下列举的是一些常用的自我静态拉伸方法，可根据自己的需求进行选择。例如，在长跑后通常会感觉下肢酸痛，这时可对髂腰肌、腘绳肌、股四头肌、臀大肌和小腿三头肌进行静态拉伸，能有效缓解运动后的延迟性肌肉疼痛。

（1）斜方肌的自我牵伸

以牵拉右侧为例，坐位，右手压在臀部下方，左手食指和中指做剪刀手状，轻轻放在右侧耳朵尖部的两旁。左手辅助头部向左侧侧屈，当右侧肩部有轻微针刺感时停止运动，动作维持30～60秒（图2-1）。

（2）肩胛提肌的自我牵伸

以牵拉右侧为例，坐位，右手压在臀部下方。头部向左旋转45°，将左手放在头后，然后柔和地将头拉向左侧膝盖的方向，当右侧肩背部有轻微针刺感时停止运动，动作维持30～60秒（图2-2）。

图 2-1　斜方肌的自我牵伸　　　　图 2-2　肩胛提肌的自我牵伸

（3）胸锁乳突肌的自我牵伸

以牵伸左侧为例，坐位，在左侧锁骨上找到胸锁乳突肌的附着点，然后将右手的三根手指放在肌肉起点处。头部轻微后伸，转向右侧直到左侧颈部有轻微的针刺感，动作维持 30～60 秒（图 2-3）。

（4）背阔肌的自我牵伸

以左侧为例，先找一个坚固的便于手扶的物体，例如墙边。然后，站在距离墙边大约一臂的距离，用左手抓住墙边并向后侧方迈一步。用左手把自己推离墙面以此来增加身体呈弓形的幅度，直到左侧背部有轻微的针刺感，停止并保持 30～60 秒（图 2-4）。

图 2-3　胸锁乳突肌的自我牵伸　　　　图 2-4　背阔肌的自我牵伸

（5）胸部肌群的自我牵伸

以左侧为例，左侧前臂抵住一侧门框或扶手；躯干及下肢成弓字步体位，吸气不动，呼气时下肢保持不动，躯干自然往前下方做位移，当感受到明显的牵拉感时动作维持 30 秒钟（图 2-5）。

（6）髂腰肌的自我牵伸

单膝跪位，双手叉腰配合呼吸，带动骨盆及躯干往前下方移动，当被拉伸的前侧腹部及大腿腹股沟处有明显牵拉感时，保持动作 30 秒（图 2-6）。

图 2-5　胸部肌群的自我牵伸　　　　图 2-6　髂腰肌的自我牵伸

（7）腘绳肌的自我牵伸

坐位或者站立位均可。以左侧为例，左侧下肢伸直，右侧下肢屈曲，配合呼吸，躯干往左侧下肢的方向做前压，当下肢有明显的拉伸感时，保持动作 30 秒。注意，在牵伸过程中，背部要保持挺直，不能为了看起来幅度更大而弯腰弓背，这样会给腰部带来过大的压力（图 2-7、图 2-8）。

（8）股四头肌的自我牵伸

站立位，以右侧为例。右侧膝关节屈曲，踝关节背伸，右侧手抓住右脚背侧，躯干挺直，配合呼吸手提住小腿往上做延展，当大腿前侧有明显的牵拉感时，保持动作 30 秒钟（图 2-9）。

（√）

图 2-7　腘绳肌自我牵伸的正确姿势

（×）

图 2-8　腘绳肌自我牵伸的错误姿势

图 2-9　股四头肌的自我牵伸

（9）小腿三头肌的自我牵伸：

弓步位，双手平举，双掌贴扶墙面，以左侧为例，左侧前脚掌紧贴墙面，配合呼吸的同时身体缓慢地向墙面贴近，左侧膝关节在整个过程中保持伸直，当小腿感到明显的牵拉感时，保持动作 30 秒钟（图 2-10）。

（10）臀部肌群的自我牵伸

仰卧位，以右侧为例，右侧髋关节外旋，左侧膝关节屈曲，右侧踝关节的外侧搭在左侧大腿的前侧；然后双手紧扣在左侧大腿后部，配合呼吸，右侧下肢保持放松，使左侧下肢往躯干方向运动，当臀部或腰骶处有明显牵拉感时，保持动作 30 秒（图 2-11）。

图 2-10　小腿三头肌的自我牵伸

图 2-11　臀部肌群的自我牵伸

静态牵拉小提示

避免疼痛：如果拉伸到产生疼痛的幅度，身体可能会认为肌肉有被拉伤的危险，从而激活防御机制，试图通过收缩来自我保护，这有悖于拉伸希望达到的效果。所以正确而有效的牵拉会不舒服，但并不痛苦，感觉到有可忍受的牵拉感意味着姿势是正确的。

缓慢拉伸： 如果在拉伸时突然发力快速拉长肌肉，同样会让身体认为肌肉有被拉伤的危险，从而试图通过收缩来自我保护，防止肌肉被进一步拉长，这也对拉伸效果带来负面影响。所以要尽量放缓速度，合理控制呼吸节奏，以达到最佳拉伸效果。建议完成一次牵拉呼吸三次，用鼻子吸气，用嘴呼气。争取做到吸气和呼气的时间比例为 1 ∶ 2，呼气时嘴型呈〇形有助于保持气息稳定和控制节奏。

2. PNF 牵伸

PNF（Proprioceptive Neuromuscular Facilitation）通常被称为"本体感觉神经肌肉促进术"，是一种利用运动感觉、姿势感觉等刺激，需要在他人的协助下配合主动用力完成，可以增强有关神经肌肉反应，促进相应肌肉收缩的锻炼方法。虽然 PNF 牵伸技术在专业运动队、医院物理治疗室中的使用非常频繁，但是在普罗大众的日常生活中应用并不多见，人们对这一技术知之甚少。PNF 技术的牵伸效果明显好于传统牵伸方法，如果学习掌握了其操作技巧和要领，将非常有益于青少年身体健康。

在实践中，PNF 牵伸从形式上看和静力性伸展方法相似，但机理上有本质的不同。PNF 的生理学理论依据是利用反牵张反射而达到使肌肉放松的目的。当肌肉做等长收缩的时候，会对肌腱产生强烈的刺激，肌肉中的腱梭会将信号传入中枢神经，反射性地使肌肉放松，导致反牵张反射的产生。也就是说，让被牵拉的目标肌肉主动收缩，能抵消普通静力性伸展所产生的牵张反射。在反牵张反射的作用下，目标肌肉收缩后再被牵拉往往能够被放松得更加充分。与此同时，拮抗肌的参与收缩也可以加大目标肌肉的放松，这样在前收缩、后放松的双重作用下，关节能够达到一个较大的活动度，得到非常理想的牵伸效果，这就是 PNF 牵伸的基本原理。

在广大的健身爱好者和青少年的使用场景中，PNF 牵伸主要使用保持—收缩—放松这种技术模式，这种模式既可以在运动前热身阶段采用，又可以在运动后放松恢复阶段采用；该方法主要运用于改善柔韧性、提高关节活动度的练习当中，一般是被牵拉者在教练或家长的配合下进行，增加了练习过程中的互动性和趣味性，即时获得的放松感和关节活动度的快速提升能够激发青少年参与的主观能动性。适合青少年的 PNF 牵伸模式是"被动拉伸目标肌—等长收缩目标肌—被动牵拉目标肌＋同时主动收缩拮抗肌"。

我们以牵伸腘绳肌为例来说明这个技术的操作方法。在牵伸腘绳肌时，被牵伸者仰卧，搭档搬起其一侧腿，做直腿抬高动作。第一步，在保证髋关节固定的前提下，将被牵伸者的腿直腿抬高至最大幅度；第二步，被牵伸侧大腿用力向下压，搭档用肩关节顶住被牵伸侧的小腿，对抗下压的力量，保持被牵伸侧大腿在终末端的位置不变，这个过程持续 6～10 秒，也就是被牵伸侧大腿要用力向下压 6～10 秒；第三步，被牵伸侧大腿放松，这时会发现直腿抬高的幅度会进一步加大，搭档将腘绳肌牵伸到达新的终末端，然后再重复第二步和第三步，如此反复 3 次，在最后达到的终末端保持被动拉伸 30～40 秒（图 2-12）。

图 2-12　PNF 牵伸

PNF 牵伸小提示

第一，进行 PNF 拉伸前一定要做足够的热身，如进行 15 分钟左右的有氧练习和对准备拉伸肌肉的静态拉伸再开始练习，这样能够有效降低运动损伤风险和提升牵伸效果。

第二，肌肉在受伤的情况下，建议不要选择 PNF 拉伸。因为在 PNF 拉伸过程中的关节活动范围加大，痛觉感受器的灵敏度下降，所以被牵拉者会感觉到疼痛减轻，而愿意做出更大幅度的伸展。如不注意容易造成拉伸幅度过大而使受伤加重。

第三，在练习过程中要思想集中，身心结合，牵伸者和被牵伸者之间要配合默契，保证动作姿势始终规范，注意力放在被拉伸的肌肉上，控制好拉伸的幅度。理想的最大拉伸幅度以能感觉到肌肉的绷紧酸胀，而不是疼痛感的出现为佳。

3. 泡沫轴滚动放松

当前青少年因生活和学习的需要，经常长时间保持一种身体姿势，这会导致青少年身体肌肉过于紧张和僵硬。当肌肉出现僵硬，身体姿态也会出现异常，久而久之整个人就显得消沉不健康。泡沫轴可以将紧张的肌肉放松，恢复肌肉正常的弹性，提升整个人的气质，缓解和预防不良姿势的产生。

泡沫轴是一根简单的圆柱体，用某种类型的硬质微孔泡沫挤压制成。使用泡沫轴对肌肉中的敏感区域（肌肉密度高的区域）施加压力，能在滚动中起到放松的作用。

在这里向大家介绍一个概念：蠕变。发生蠕变是可伸展的软组织的共同特性。由于胶原纤维的重新排列，组织会在伸展时变得僵硬。机械式蠕变被定义为：由于长期的恒定负荷，组织的伸长超过其固有的可伸展能力。我们可以用一个简单的比喻来描述蠕变：将一个拳头放到塑料袋里慢慢向前推，如果力量缓慢且持续，袋子就不会立即破裂，而是在恒定负荷下随着时间的推移不断被抻开。在现实生活中，青少年经常低头伏案学习，只要含胸驼背地坐20分钟，就会使脊柱韧带发生蠕变而变得更加松弛。蠕变的结果就是肌肉组织或筋膜的特性发生变化，青少年经常发生蠕变的部位是背部（上背部、下背部）、臀部和腘绳肌，为了对抗这种对身体姿态不利的蠕变，我们应该经常使用泡沫轴对容易发生蠕变的部位进行滚动和刺激，尽可能使长期被拉长的肌肉和筋膜恢复弹性，帮助身体姿态恢复到正常的状态。

泡沫轴就像一个廉价的"按摩师"，在训练前和训练后都能带来极大的好处。在肌肉训练前进行泡沫轴滚动可以降低肌肉密度，为更好地热身奠定基础。在训练后的滚动有助于肌肉在高强度运动后恢复。泡沫轴具备重复使用性和便利性，一般在每个位置上做10次缓慢的滚动，一次滚动持续3～5秒，滚动的过程稳定、缓慢、带有下压力，效果比较理想。

下面列举的是一些常用的使用泡沫轴放松肌肉的方法。如果想放松身体其他部位，也可以按照泡沫轴的工作原理来自行设计动作进行按摩放松。

（1）泡沫轴放松上背部

双腿屈膝，将泡沫轴放在背部下方，仰卧，双手抱头，腹部稍用力收紧。双腿带动身体前后移动，使泡沫轴在上背部和肩关节的范围来回滚动。如果过程中感到颈部不适，可以换成靠墙滚动（图2-13）。

图 2-13　泡沫轴放松上背部

（2）泡沫轴放松臀部

跷二郎腿坐在泡沫轴上，单臂支撑，腹部收紧。支撑腿和手用力带动身体移动，使泡沫轴在臀部范围来回滚动。稍微旋转身体，可以使臀部外侧也得到放松（图 2-14）。

图 2-14　泡沫轴放松臀部

（3）泡沫轴放松大腿外侧（髂胫束）

侧卧，肘支撑，将泡沫轴放在大腿外侧的下方，对侧肢体放在身体前侧辅助稳定身体。支撑侧肩关节以及对侧腿用力带动身体上下移动，使泡沫轴在膝关节和髋关节的范围来回滚动（图 2-15）。

（4）泡沫轴放松大腿前侧（股四头肌）

俯卧，双肘撑于地面，将泡沫轴放置于大腿前侧。肩关节用力带动身体上下移动，使泡沫轴在膝关节和髋关节的范围内来回滚动。该动作主要放松大腿的正前方，也可通过旋转大腿

（脚尖内八字、外八字）来放松偏内侧和外侧的部位（图 2-16）。

图 2-15　泡沫轴放松大腿外侧

图 2-16　泡沫轴放松大腿前侧（股四头肌）

（5）泡沫轴放松大腿内侧肌群

　　肘关节支撑，单腿外展俯卧，将泡沫轴放在大腿的内侧下方。对侧腿用力带动身体左右移动，使泡沫轴在大腿内侧的区域来回滚动（图 2-17）。

图 2-17　泡沫轴放松大腿内侧肌群

（6）泡沫轴放松大腿后侧（腘绳肌）

双腿伸直，将泡沫轴放在大腿下方，双手支撑，腹部收紧。双手用力带动身体移动，使泡沫轴在膝关节到臀部的范围内来回滚动（图 2-18）。

图 2-18　泡沫轴放松大腿后侧

（7）泡沫轴放松小腿后侧

坐姿，单腿伸直放在泡沫轴上，双手支撑，腹部收紧。通过双手用力带动身体移动，使泡沫轴在膝关节和脚踝的范围内来回滚动。如果刺激较大难以承受，可以降低难度，变为双小腿搭在泡沫轴上滚动（图 2-19）。

图 2-19　泡沫轴放松小腿后侧

（8）泡沫轴放松小腿前侧（胫骨前肌）

双手撑地，将泡沫轴放在小腿前侧，脚内八字（侧重按压偏侧面的位置）。通过双手用力带动身体移动，使泡沫轴在小腿前侧来回滚动（图 2-20）。

图 2-20   泡沫轴放松小腿前侧

泡沫轴放松小提示

姿势正确才会带来正确的放松效果。保持缓慢而放松的呼吸有助于舒缓紧张。滚动时注意力要集中，专注感受身体的状况。每个部位滚动时间要持续 2~3 分钟，动作缓慢而稳定，如果在滚动过程中发现有一些点位疼痛明显，可在这些点位上停留 10~15 秒，之后再继续滚动。

二、增加肌肉力量的方法

很多家长认为力量训练是成年人或者专业运动员才能进行的训练，担心孩子过多过早地开始力量训练会导致骨骼、内脏器官的损害从而影响生长发育。这种观点是错误的。其实只要适度地、科学地进行力量练习，青少年就能从训练中受益很多。科学证明，正确的力量练习可以促进青少年骨骼肌肉系统发育、改善身体体质、提高运动能力、降低心血管疾病的发病率。结实强壮的身体会让孩子能更好地保护自己，使人每天都感到精力充沛，提升青少年自信心。

1. 力量练习的原则

（1）采用动静结合的练习模式，以动为主，以静为辅

发展青少年力量素质的练习，应以动力性力量练习为主，辅以适宜的静力性练习。动力性力量练习是在克服阻力（包括负重或克服体重阻力）的情况下，肌肉的收缩与放松交替进行。静力性练习时，在抗阻力的情况下，肌肉做持续性的紧张收缩。两种方法都可以发展肌肉的力量，但对于青少年来说，由于肌肉的纤维较细，肌纤维的张力小，加上支配肌肉的神经中枢的兴奋强度和维持高度兴奋的时间比成人差，持久而紧张的肌肉收缩更容易使其疲劳。因此，青少年最好采用动力性的力量练习。但只要安排得当，做一些静力性练习对发展肌肉力量也是有益的。最好采用动静结合的方法，比如发展肩部和上臂伸肌力量时，可采用手握哑铃手臂伸直上举的方式，维持5～10秒，然后再屈肘上举，反复多次。无论是动力性练习或静力性练习，负荷都不宜过大，组数不宜过多，练习结束后要做好放松活动。

（2）负荷量切勿过大，避免抑制骨骼发育

青少年的椎骨尚未完全骨化；而髋骨是由髂骨、坐骨和耻骨以软骨连接起来，到15～16岁才愈合；这个时期，青少年的股骨还存在骺软骨，承受压力的能力比成人差；另外，维持足弓的肌肉和韧带也比较弱。因此，对青少年进行力量的练习时，如果负重过大，或采用静力性力量练习过多，容易导致脊柱变形、腿形异常、髋骨移位和足弓的下降（扁平足）。一般在10岁以前不宜进行负重练习，可采用抗体重的一些练习，如徒手跑、跳等。12～13岁可增加一些抗阻力或哑铃等的力

量练习。15 岁以后，可以进行较大重量的力量练习，并以动力性练习为主。进行必要的静力性练习时，也要控制时间，做到动静结合，保护骨骼，避免产生身体姿势的异常。

（3）训练方案设计遵循先易后难、循序渐进的原则

①先学基本动作，再逐步加大难度。先掌握动作的基础要素，再考虑升级难度使其更具有功能性。例如，深蹲动作可以锻炼髋关节周围肌肉，正确的深蹲动作要求收腹挺胸，后背挺直，蹲到最深时大腿与地面平行，膝关节不要超过脚尖，这些是基本动作要求。对青少年来说，如果在还没有掌握徒手深蹲的基本动作前就尝试负重深蹲或者进行进阶动作，这样会适得其反并且有较大的运动损伤风险。

②先小负荷，再大负荷。力量训练方案的失败，原因往往是因为过早地尝试举起过大的重量。如果可以勉强进行自重训练，但是在施加了外部负荷后却非常困难，那么应该考虑降低负荷。比如孩子无法完成大负荷的上肢划船动作就不要勉强，应确保其首先能做到轻松完成引体向上的动作，如果引体向上都不能完成，就要继续使用其他器械或弹力带来降低难度和负荷。勉强孩子去做他力所不能及的大负荷动作是非常危险的。

③能力进步了，难度要随之增加。孩子在已经用同样的负荷轻松完成力量练习，并能多做一两次后，就说明其能力已经达标并还有进步的空间，这时就需要增大一定的强度了。比如一个少年从小与一头小牛为伴，每天都抱着它，少年与小牛一同成长，小牛最终长成了一头成年公牛，体重越来越大，直到少年再也抱不动它。在小牛成长的过程中，它的体重在增长，这个少年的力量也在随之增长，在一段时间内，少年的负重能力随着小牛体重的增长而逐渐增长。这正是力量训练的朴素基础，持之以恒与循序渐进并重。

（4）特定性原则

特定性原则是指要根据练习目的选择最适合的练习方式。例如，如果想增加肌肉耐力，就需要采用低强度重复次数多的练习方式；如果想增加肌肉的最大力量，就需要采用高强度低重复次数的练习方式。

（5）个性化原则

力量练习的负荷不能一概而论，要因人而异、因部位而异、因训练目的而异。例如，同样是希望增加背部肌肉的力量，一个 18 岁男孩和一个 14 岁女孩的绝对负荷很可能是不一样的。因此，在描述力量负荷时，通常不使用具体的绝对数值，如 1 千克、2 千克，而是使用最大重复次数（RM）来表示。RM 指在力竭前能以正确姿势、按指定重复次数举起的最大重量，例如 8RM 就表示能重复举起 8 次的最大重量。

（6）持续性原则

持续性原则很好理解，就是说如果我们希望保持肌肉力量在较好水平，需要坚持锻炼，不可半途而废，所谓"用进废退"就是这个道理。只要一段时间不进行力量练习，之前力量练习所获得的效果就会慢慢消失。

（7）全面性原则

全面性原则是指在力量练习时，不能只注重局部某一些肌肉，而应该全面地练习身体各个部位的肌群，大肌肉群、小肌肉群都需要练习，屈肌群和伸肌群也都需要练习。比如，如果练习大腿前侧肌肉（股四头肌）而不练习后侧肌肉（腘绳肌），就会造成大腿前后肌群力量不平衡，导致腘绳肌在运动时容易被拉伤。

2. 使用弹力带进行力量训练的常用方法

对于青少年居家力量练习而言，弹力带是很好的选择。因为弹力带有不同阻力大小可选择，而且即使是同一条弹力带，也可通过手握弹力带的长短来调节阻力，使用方法比较灵活；另外，弹力带价格便宜，携带方便，是一种非常实用的健身小器材。孩子在家练习时，如果是刚接触弹力带，那么可以先用小阻力的弹力带进行训练，等他们掌握了基本的动作技巧和发力窍门后，再逐渐增加弹力带的阻力。

（1）弹力带深蹲

这个练习主要锻炼股四头肌、臀肌和腘绳肌。

动作要点：双脚与肩同宽站立，双手各持弹力带两端，双脚踩在弹力带中间。屈肘把双手放到肩膀位置，掌心相对，手腕挺直攥住弹力带。将弹力带置于肩膀前方。屈髋屈膝下蹲到大腿和地面平行，全程保持背部挺直，挺胸抬头，双眼平视前方。大腿和髋部发力站起，使身体恢复到直立姿势。做动作时要求脚尖微微向外，下蹲时膝盖跟随脚尖方向不要向内扣。动作应缓慢有控制，集中注意力，保持挺胸抬头姿势，身体不要过度前倾。该练习1组可重复12～15次，每次练习3组（图2-21、图2-22）。

图 2-21　弹力带深蹲起始动作　　　图 2-22　弹力带深蹲终末动作

（2）站姿弹力带胸推

这个练习主要锻炼胸大肌、三角肌前束、前锯肌和肱三头肌。

动作要点：双脚与肩同宽站立，将弹力带绕过后背肩胛骨处，双手抓住弹力带两端，手腕平直手心朝下，手肘弯曲。缓慢地发力伸直双臂，并通过肩胛骨向外运动来进一步前伸双臂。达到终末端后慢慢回到起始位置后重复该动作。在做动作时不要转动身体，不能弯腰驼背，颈部不能随着发力而前伸，双臂运动速度应保持一致，回到起始位置的时候要缓慢，肌肉要一直保持发力状态。该练习 1 组可重复 12～15 次，每次练习 3 组（图 2-23、图 2-24）。

图 2-23 站姿弹力带胸推起始动作

图 2-24 站姿弹力带胸推终末动作

（3）站姿弹力带高位下拉

这个练习主要锻炼背阔肌和肱二头肌。

动作要点：双手相距约与肩同宽，抓住弹力带两端，掌心朝前，然后向上伸直双臂。保持双臂伸直的状态下，向外打开双臂，直至双臂与地面平行，此时弹力带应在脖子后面。然后沿原轨迹缓慢向上伸直双臂回到起始位置。做这个动作时，手臂与背部发力，双臂保持在身体侧面。如果阻力不够大，可以将弹力带对折后做这个练习。该练习 1 组可重复 12～15 次，每次练习 3 组（图 2-25、图 2-26）。

图 2-25　站姿弹力带高位　　　　图 2-26　站姿弹力带高位下拉终末
　　　　　下拉起始动作　　　　　　　　　　动作

（4）站姿弹力带腿屈伸

这个练习主要锻炼腘绳肌。

动作要点：将弹力带两端绑起来，做成一个圈，也可以使用弹力环进行练习。弹力带套在左脚脚踝处，或用左脚踩在弹力带上，然后将弹力带另一端勾在右脚脚踝处。向后弯曲右膝，往臀部方向抬起右小腿，上身和左腿保持直立。然后缓慢回到起始位置，再次重复动作。做完一组练习后，换另一条腿，继续练习。该练习每侧可重复 12～15 次，每次练习 3 组。

注意：一条腿在做动作时另一条腿要套稳或踩住弹力带保持稳定不动，上半身要保持稳定，躯干不能向前代偿发力，如有必要可扶住墙或椅子以保持身体平衡。刚开始练习时，先用阻力较小的弹力带，掌握动作要领后再更换弹力带（图 2-27、图 2-28）。

图 2-27　站姿弹力带腿屈伸　　　　　图 2-28　站姿弹力带腿屈伸
　　　　　起始动作　　　　　　　　　　　　　终末动作

（5）站姿弹力带前平举

这个练习主要锻炼三角肌和胸大肌。

动作要点：双脚与肩同宽站在弹力带中部，双臂下垂，双手抓住弹力带两端，此时双手在大腿前方。背部挺直，腹肌收紧，双臂前平举，然后缓慢回到起始位置。做这个动作时要站直身体，每组练习重复 12～15 次，每次练习 3 组（图 2-29、图 2-30）。

（6）站姿弹力带侧平举

这个练习主要锻炼三角肌。

动作要点：双脚与肩同宽站在弹力带中部，下垂双臂抓住弹力带两端，此时双手应置于身体两侧，掌心向内。向两侧缓慢抬起双臂直至与肩膀同高（与地面平行），然后慢慢落下双臂

图 2-29　站姿弹力带前平举
　　　　起始动作

图 2-30　站姿弹力带前平举
　　　　终末动作

回到起始位置。做动作时要求腹部收紧，腰背挺直。动作达到顶点位置时，双臂不要抬到高于肩膀的高度（应与地面平行）。该练习 1 组可重复 12～15 次，每次练习 3 组（图 2-31、图 2-32）。

图 2-31　站姿弹力带侧平
　　　　举起始动作

图 2-32　站姿弹力带侧平举终末
　　　　动作

（7） 站姿弹力带弯举

这个练习主要锻炼肱二头肌。

动作要点：双脚与肩同宽站立，踩在弹力带中间。身体直立，双手垂于体侧抓住弹力带把手，掌心向前。弯曲手臂，当双手与胸部同高后慢慢放下双手恢复至初始位置。做动作时要站直收腹挺胸，腰背要挺直。为了更好地规范动作，也可以背靠墙做这个练习。注意当弹力带被拉长时，脚要一直踩住弹力带，千万不要移动。该练习 1 组可重复 12～15 次，每次练习3 组（图 2-33、图 2-34）。

图 2-33　站姿弹力带弯举　　　　图 2-34　站姿弹力带弯举
　　　　起始动作　　　　　　　　　　　　终末动作

（8） 站姿弹力带臂屈伸

这个练习主要锻炼肱三头肌。

动作要点：以练习右侧为例，右脚踩住弹力带，右臂屈曲，右手从颈后部抓住弹力带。然后右臂用力伸直，再缓慢沿原轨迹恢复到起始位置。注意在练习时身体需保持稳定，左右两侧每组各重复 12～15 次，每次练习 3 组（图 2-35、图 2-36）。

图 2-35　站姿弹力带臂屈伸
起始动作

图 2-36　站姿弹力带臂屈伸
终末动作

（9）坐姿弹力带划船

这个练习主要锻炼背阔肌和肱二头肌。

动作要点：将弹力带中部缠在脚上，双手掌心相对，抓住弹力带的两端。身体坐在地面上，背部保持挺直。缓慢地将手肘向体侧收回，做后拉划船的动作，然后缓慢沿原轨迹回到起始位置。开始练习前注意检查弹力带是否绕紧双脚脚面，勾起双脚防止弹力带滑动。也可以将弹力带绕在柱子等稳固的物体上来做这个练习。做这个练习时，要提醒自己下沉肩关节，肩关节不能耸起。这个练习对改善圆肩驼背有较好的效果（图 2-37、图 2-38）。

图 2-37　坐姿弹力带划船起始动作

图 2-38　坐姿弹力带划船终末动作

三、增加关节活动度和灵活性的方法

1. 动态牵伸

动态牵伸是指有节奏地、通过多次重复同一动作的练习使肌肉和软组织逐渐地被拉长的牵伸方法，通常用于运动开始前的热身，比如在行进间抱膝行走、手足行走等。动态牵伸练习可以有效地提高关节的活动能力，激活肌肉的敏感度，目的是让正确的肌肉在正确的时间收缩和放松，支配正确的关节活动。正确的动态牵伸要同时具备两个要素：一是让肌肉温度升高，二是肌肉能够主动地完成其完整范围的活动。良好的动态牵伸会逐渐增加对肌肉的负荷，让关节活动起来，激活和拉长肌肉；更重要的是强化了正确动作模式，让身体准备好进行更高强度的复合运动。

在专业运动队，动态牵伸应用很普遍，但根据笔者工作实践中的观察发现，在学校体育领域，大多数体育课中的热身环节都没有设计动态牵伸的内容，相反有很多低效的动作，如肩绕环、膝绕环等，体育教师可以用动态牵伸来代替这些低效的动作，家长平时陪伴孩子运动健身时也可以在运动前带着孩子做一做动态牵伸。下面给大家介绍一些常用的动态牵伸方法，在运动前可选择几个练习用于热身环节。

（1）站姿抱膝行走

身体成直立位，双手抱住膝关节处用力向胸部提拉，同时踝关节提踵。在最高处停留1～2秒后恢复到直立姿态。注意在保持身体平衡的情况下尽可能地增加膝关节向胸部提拉的幅度。每走两步完成一次抱膝（图2-39）。

（2）站姿髋关节外展

身体直立，屈髋屈膝90°抬腿，向内或向外做环绕。注意在动作的过程中，保持身体平衡的情况下尽可能地增加髋关节环绕的幅度，膝关节抬到最高点时配合提踵动作。每走两步完成一次环绕，同时身体扭转并摆臂配合动作（图2-40）。

图2-39 站姿抱膝行走　　　图2-40 站姿髋关节外展

（3）交替弓步行走

右脚向前迈一大步，膝关节弯曲，角度大于 $90°$，左腿向后绷直，然后迈左腿成左弓步，左右腿交替向前行走，上身挺直，挺胸抬头。感觉到大腿后侧肌群的牵伸感，整个弓步行走动作一气呵成，并保证每一步不做太多停顿，牵伸幅度到位（图2-41）。

图 2-41　交替弓步行走

（4）手足行走

从站立位开始，弯腰双手触地，用手向前行走至最大幅度后（髋关节将要达到伸直状态时），手保持不动，双脚前脚掌小步向前行走直到双脚碰到双手。双脚移动过程中，保持膝关节成伸直状态，直至达到最大幅度（图 2-42 至图 2-44）。

图 2-42　手足行走起始动作

图 2-43　手足行走行进间动作

图 2-44　手足行走结束动作

（5）侧弓步行走

运动者向侧方迈步落地下蹲，保持腰背部挺直，双脚脚尖向前，脚后跟尽量不要离开地面，下蹲至膝关节成 90°，然后站起的同时另一腿跟随回到双腿与肩同宽的站立位，再进行一下次侧弓步。注意下蹲的过程中，膝关节不要超过脚尖，臀部向后坐，保证膝关节的垂直投影不超过脚尖（图 2-45）。

图 2-45　侧弓步行走

（6）倒退交替弓步

运动者抬起一侧腿，尽力向后伸展下肢，后侧脚轻轻落地后，身体下降呈弓步，下蹲至大腿与地面平行（类似于向前的弓步）。同时向上伸直双臂并向后用力伸展躯干，躯干部位伸展时保持下肢姿态不变。然后交替换腿继续后退弓步行走（图

2-46）。

（7）小步直膝行走

首先一侧腿向前迈出一小步，脚后跟着地，在保持双腿伸直的情况下对侧手向下触摸向前迈出的脚尖。在向下触摸时，保持背部挺直，不要出现圆背的现象。在动作达到最大幅度后，保持1～2秒，双脚交替进行小步行走（图2-47）。

图 2-46　倒退交替弓步　　　　图 2-47　小步直膝行走

（8）仰卧综合牵伸

运动者仰卧位，双手打开放于地面上，保持肩关节紧贴地面。抬起右侧下肢，用右脚尽量触够左肩。在触够到最大幅度的过程中，肩膀不要离开地面。做动作时需要缓慢匀速，达到最大幅度后保持1～2秒即恢复原位，双侧交替进行（图2-48）。

图 2-48　仰卧综合牵伸

（9）俯卧综合牵伸

运动者俯卧位，双手打开放在地面上，保持肩关节和胸部紧贴地面。抬起左侧肢体，用左脚尽量地触够左肩。在触够达到最大幅度的过程中，肩膀和胸部不要离开地面。做动作时需要缓慢匀速，达到最大幅度后保持1～2秒即恢复原位，双侧交替进行（图2-49）。

图 2-49　俯卧综合牵伸

动态牵拉技巧小提示

在动态牵伸动作中，不要过于僵硬，更不要强行牵伸，关节的活动不要超过最大活动范围。如果在练习开始阶段掌握不好节奏，无法完成连贯动作，则要先从单个动作开始，逐渐过渡到能够熟练地完成连贯动作。

2. 关节灵活体操（适用于增加关节灵活度）

在增大单一关节活动度的基础上，青少年还可以用一套日常的关节灵活操来避免关节僵硬、肌肉不协调等问题，在具有运动的趣味性的同时增加关节灵活度。

（1）颈部"米字操"　以头顶或下颌当作笔头，用颈部当作笔杆，反复书写"米"字，每次书写5～10个次。"米字操"

的作用主要是放松颈部肌肉，可以活动颈椎各个关节，锻炼颈部肌群的伸缩功能，增强颈肌肌力，维系颈部软组织的自然弹性，纠正颈椎小关节的微小错位，恢复或改善颈椎生理曲线和力学平衡等，有助于治疗或预防颈椎病。但如果已经患有颈椎病则不宜做"米字操"（图 2-50）。

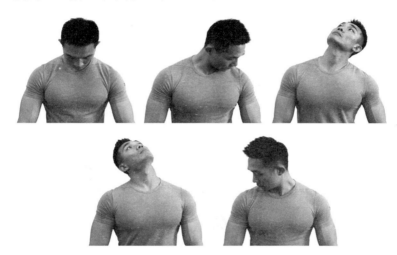

图 2-50　颈部"米字操"

（2）"仰泳划手"

双臂伸直，肘关节锁定。轮流在体前抬起手臂，慢慢向后画圆，尽量不要扭动躯干，做仰泳向后划手状。划动时，髋关节前顶，双肩紧绷，努力让肱二头肌在手臂上举时贴近耳朵，避免肩膀下垂。双臂动作流畅配合，每侧做 10～20 次。这个经典的游泳划水动作，对于改善溜肩的效果非常明显（图 2-51）。

（3）"呼啦圈式"转髋

双脚开立与腰同宽，双手掐腰，双脚站稳，髋关节做圆周运动。动作幅度要逐渐增大，调动核心区肌肉群，画出更大的

图 2-51　"仰泳划手"

圆圈，好像在转呼啦圈一样。这个动作可以提高骨盆关节和腰椎关节的灵活性，也在一定程度上锻炼了下肢平衡能力（图 2-52）。

图 2-52　"呼啦圈式"转髋

（4）坐姿雨刷器

坐在地板上，体前屈膝，双脚平放在地面上，脚跟贴近臀部。双手置于身体两侧，支撑地面于腰部后方。向一侧摆动膝关节，臀部不要抬离地面。在双脚保持着地的同时，将双膝拉回中心位置再摆向另一侧。双膝好像汽车的雨刮器一样保持流畅的来回摆动，每侧做 10 次。这个动作可以提升髋关节的灵活性，特别适用于长期久坐不动的人群（图 2-53）。

图 2-53　坐姿雨刷器

（5）腿打方向盘

单腿站立，一条腿屈膝提起，大腿与地面水平。用抬起腿的脚部悬空画圆，同时配合膝关节和髋关节的动作，好像在用腿控制一个汽车方向盘做转动。每条腿顺时针、逆时针各做 10 圈。如有必要可以手扶墙或桌椅保持平衡。

这个动作可以锻炼髋-膝关节联动的协调性，以及单腿支撑的稳定性（图 2-54）。

图 2-54　腿打方向盘

第三章
青少年应选择合适的锻炼方法
纠正身体的不良姿态

在第二章中，我们介绍了很多锻炼方法，包括提高肌肉力量的方法、拉伸肌肉的方法等。在这一章，我们会介绍一些针对青少年常见异常姿势的锻炼方案，帮助他们纠正身体的不良姿态，供大家参考使用。

一、上交叉综合征

1. 上交叉综合征的定义

一个人的身体姿势可以反映出很多信息，例如一个人是否自信，是否活力充沛，是否焦虑紧张。目前青少年学业压力重，同时受到生理、心理等多方面因素变化的综合影响，在身体姿态上也会有所体现。越来越多的青少年身上会显现出上交叉综合征的症状。

上交叉综合征是一种上肢动作模式异常综合征。是以上斜方肌、肩胛提肌、胸大肌、胸小肌紧张而菱形肌、前锯肌、中下部斜方肌、深部颈部屈肌，尤其是斜角肌较为无力松弛而表现出的一种肌肉力量不平衡的综合征。它的命名源于无力松弛和紧张的肌肉在上身形成交叉状连线。身体若长期处于这种状态，会使肩胛骨前引、含胸，脊柱、肱骨等偏离中立位，引起神经根型颈椎病、肩周炎、头痛头晕及肩颈、手臂、手指麻木等一系列综合症（图 3-1）。

图 3-1　上交叉综合征

2. 上交叉综合征的表现

上交叉综合征表现为圆肩、头前倾和驼背等，胸大肌以及胸小肌、肩胛下肌、三角肌前部紧张；而菱形肌、斜方肌下部和小圆肌等无力或被抑制。

上交叉综合征通常表现为：

➢胸锁关节、肩锁关节、功能障碍，导致颈肩胸背部的酸痛；

➢颈椎生理弯曲异常，导致神经压迫、头痛、手臂痛；

➢含胸驼背，导致呼吸不畅、肺活量减少、胸闷；

➢含胸姿势，导致横膈膜处于紧张收缩状态，肩外旋力量不足，肩关节外展受限。

3. 上交叉综合征的产生原因

上交叉综合征在许多长期伏案学习缺乏运动的青少年中很常见，尤其是年轻女性，但经常锻炼的人有时也会有这一症状，多是由错误的锻炼方式或不正确的姿势导致，或者是一味地锻炼未能及时放松整理，进而造成肌力失衡。青少年课业压力大，日常姿势保持不好，长时间低头伏案或过度锻炼胸部肌肉且不进行胸部肌肉拉伸练习；或书包过于沉重；或沉迷于电子产品和游戏，缺乏足量的体育运动，这些都是导致青少年出现上交叉综合征的重要原因。

4. 上交叉综合征可选择的锻炼方法组合

（1）松解紧张的前侧肌群练习

①猫式牵伸。四肢跪姿准备，低头整个脊柱向上拱起，再抬头翘臀脊柱向前屈。注意下肢和髋关节要保持稳定，动作缓慢有力度，上下幅度充分。20秒完成一次，共练习3次（图3-2）。

图 3-2　猫式牵伸

②坐姿展胸练习。坐姿准备，直臂双手交叉置于身后，然后缓慢拉近两侧肩胛骨的距离，并抬头展胸。注意躯干正直，不侧弯，肩胛骨到达最近位置时后背紧绷。每次练习保持20秒，共练习3次（图3-3）。

③颈椎拉伸练习。坐姿准备，一侧的手自然下垂，另一侧的手扳动头部发力拉伸。注意躯干保持挺直，头

图 3-3　坐姿展胸练习

部随牵拉方向转动，力量适中。保持姿势，左右各10秒一次，共练习3次（图2-1）。

（2）加强后侧薄弱肌群力量训练

①"招财猫"练习。站姿准备，双脚踩弹力带，下肢微屈髋屈膝，躯干前倾，双手紧握弹力带两端，大臂与地面平行，屈肘手掌朝下准备，肩胛骨发力旋转大臂成外旋姿势，手掌朝上结束。注意躯干保持正直，肩袖肌群发力向后伸展。每组动作重复8次，每次练习重复4组（图3-4、图3-5）。

图 3-4　"招财猫"练习起始动作　　图 3-5　"招财猫"练习终末动作

②坐姿划船练习。直腿坐姿，双脚并拢，弹力带绕过脚底，双手抓住弹力带两头，两侧手臂屈肘置于体侧，同时向后拉动弹力带，缓慢还原，依次重复。注意躯干挺直保持稳定，菱形肌发力向后拉动弹力带。每组动作重复 8 次，每次练习重复 4 组（见前图 2-37、图 2-38）。

③"螃蟹爬行"练习。腹部面朝上，髋关节基本伸直或小角度屈曲，用双手和双脚撑起身体，向前、后、左、右四个方向移动，模仿螃蟹爬行。注意爬行中保持髋关节伸直，手脚交替支撑协调有力。各方向移动 10 米，每次练习重复 4 组（图 3-6）。

图 3-6　"螃蟹爬行"

5. 日常生活中正确的坐姿

（1）使用电脑时正确的坐姿　脚部着地，大腿基本与地面平齐。腰部后方有支撑物，使得骨盆不会后倾。调整骨盆-脊柱-头的联动，调整电脑显示器的位置，使得视线能够平直地注视。肩关节放松，肩峰自然下垂。在肩关节放松的情况下，能够有肘关节支撑，使得上臂与前臂成90°。要有腕部支撑，避免腕关节因长时间持鼠标而过度后伸导致"鼠标手"（图 3-7）。

图 3-7　使用电脑时正确的坐姿

（2）使用手机时正确的坐姿

尽量双手使用手机，将手机放在中间位置观看，避免脊柱侧弯、侧旋。双肩放松，头部不要前引，尽量让双肘关节有支撑。调整手机在基本平视位置，略微低头观看屏幕，而不要整个头部都前伸出去（图 3-8、图 3-9）。

（3）伏案书写时正确的坐姿

上身挺直略微前倾，臀部位置略往后坐。双膝弯曲，双脚掌平行落地。前胸挺起，离开桌子一拳距离。双肘弯曲，平放于桌面之上。眼睛与笔尖的视线保持约33厘米的距离。左手按纸，右手书写，书写时做到姿势自然，避免僵硬（图 3-10）。

（×）

图 3-8　使用手机的错误坐姿

（√）

图 3-9　使用手机的正确坐姿

图 3-10　伏案书写时正确的坐姿

二、下交叉综合征

1. 下交叉综合征的定义

我们的骨盆是人体骨骼系统中非常重要的一个部分，起到承上启下的中枢作用。骨盆位置接近身体的正中央，作用是承受上半身的身体重量以及控制下半身的受力方式。人体最理想的重心位置是在骶椎第二节，这样最符合人体力学。当骨盆周围的肌肉群之间适当平衡时，骨盆便可维持在最佳姿势。当其中某一块肌肉紧张时，这些肌群间的平衡关系就被打破，骨盆姿势也会随之改变。骨盆的前倾、后倾、旋转，任何一种骨盆位置的偏差都会带来健康问题。在青少年中比较常见的问题是骨盆前倾。

青少年因为学习生活时间过长，长期久坐少动，一坐就是好几个钟头，造成髂腰肌长期处于短缩的状态，进而肌肉发生适应性短缩，肌肉弹性、延展性下降，站立位时肌肉也无法伸展到应有的幅度，就把骨盆向前"拉拽"。如此情况下，人在站立时候缩短的髋屈肌将骨盆牵拉为前倾姿势（即骨盆的前上部分向前下方向旋转，髂前上棘位于耻骨联合前方时骨盆的位置），就好像一个装满了水的桶向前倾倒，桶中水从前面部分溢出。

所以下交叉综合征也被称作骨盆交叉综合征，是活跃的胸腰段伸肌、髂腰肌与抑制的腹肌（特别是深层的腹横肌）、臀大肌所形成的强弱交叉的肌肉静态系统而导致的异常体态（图3-11）。

图3-11 下交叉综合征

2. 下交叉综合征的表现

A型下交叉综合征表现为胸椎过度后凸，腰椎过度前凸，骨盆前倾，轻微的髋关节屈曲，轻微的膝关节屈曲。

B型下交叉综合征表现为头过度前伸，胸椎过度后凸，腰椎过度前凸，膝关节过伸。

失衡的肌肉及活动障碍可能直接作用在胸腰椎椎间关节和

小关节关节面，间接导致关节退化，从而出现椎间关节障碍，可能出现下腰部疼痛。

3. 下交叉综合征的原因

下交叉综合征的原因主要为两点：一是长期久坐，因髋关节长时间处于前屈状态，导致髂腰肌处于缩短的紧张状态，并因长时间坐位臀肌基本处于松弛无力的状态。二是腹部过大或者前凸者，因为身体重心向前移，导致腹肌长期处于延展无力的状态，为维持身体重心导致竖脊肌过度紧张。

我们可通过一个简单的测试来看看自己的髂腰肌和股直肌是否紧张，这个测试叫做"托马斯测试"。首先，靠坐在一个比较高的床或桌子（床或桌子的高度要高于小腿）边，只有臀部边缘靠着床，然后向后平躺在床上，让双腿自然垂于床边。然后双手抱住一条腿充分屈髋屈膝，让大腿尽可能贴近身体，观察另一侧大腿是否还能放平。如果另一侧大腿还能放平，说明髂腰肌和股直肌功能良好；如果另一侧大腿还能放平，但小腿伸展幅度变大，则说明股直肌紧张；另一侧大腿抬起，膝关节高于髋关节，且小腿伸展幅度变大，则说明髂腰肌和股直肌都紧张；如果除了大腿抬高，还出现了大腿外展，则提示髂胫束也紧张（图 3-12 至图 3-14）。

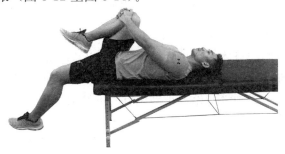

图 3-12　托马斯试验——股直肌紧张

图 3-13　托马斯试验——髂腰肌、股直肌紧张

图 3-14　托马斯试验——髂胫束紧张

4. 下交叉综合征可选择的锻炼方法组合

（1）体态调整练习

当我们的身体习惯了骨盆前倾的状态后，就会不知道骨盆处于正确位置时的感觉。因此，我们要多对着镜子把骨盆调整回中立位，找到骨盆处于正确位置时的感觉。

（2）激活核心练习

仰卧于瑜伽垫上，双手和双膝固定住一个瑞士球，进行腹式呼吸。手交替离开球举过头顶，球不能掉下，保持 1 分钟，重复 3~5 次。在做这个练习时，可以让家人或朋友从不同方向推球，球都不能掉下。在做这个练习时，腰部不能过度离开地面。

如果核心稳定性提高了，可以试着同时放开一侧手和一侧脚，来提高这个练习的难度（图 3-15、图 3-16）。

图 3-15　激活核心练习的起始姿势

图 3-16　激活核心练习的动作

（3）腰椎活动度练习

手膝支撑跪在瑜伽垫上，在胸骨和瑜伽垫之间放一个短泡沫轴（起到提醒固定胸椎的作用），反复缓慢做弓腰和塌腰的动作，要感受腰椎一节节活动，每组 15~20 次，重复 3~5 组

（图 3-17）。

图 3-17　腰椎活动度练习

（4）背部肌肉放松

可使用泡沫轴放松背部肌肉，仰卧，双膝弯曲，双脚踩在地面上。背部下放一个泡沫轴，把身体的重量压在泡沫轴上，通过双腿用力带动上身在泡沫轴上前后滚动，在疼痛感特别强烈的部位可以停顿 10 秒。这个放松练习每天可以进行 3 次，每次 5～10 分钟（见前图 2-13）。

（5）拉伸髂腰肌

弓箭步，后腿膝盖贴在瑜伽垫上，骨盆后倾，注意力集中在髋部前方的屈髋肌群上，感受屈髋肌群的牵拉感，保持30～60 秒，重复 3～5 次（见前图 2-6）。

（6）"五体投地"拉伸竖脊肌

跪姿准备，臀部坐于双脚上，双臂伸直过头，双肘扶在垫子上，身体向前伸展，头屈曲于胸前。动作保持 30～60 秒，重复 3～5 次（图 3-18）。

图 3-18　"五体投地"拉伸竖脊肌

（7）用泡沫轴松解股四头肌肌筋膜

俯卧，大腿放在泡沫轴上，尽可能地让肌肉放松下来，轻柔缓慢地向前后滚动，滚压的范围是膝盖以上，骨盆以下，避开关节处。缓慢滚动 30 秒，滚动到最痛的一个或几个点，停留在这个点上 10 秒。这个放松练习每天可以进行 3 次（见前图 2-16）。

（8）臀桥

仰卧于瑜伽垫上，两脚并在一起，大腿自然外展，双手放于垫子两侧，吐气收缩臀部向上挺髋，躯干部保持中立位。髋部、膝盖从侧面看成一条直线。呼吸均匀，不要憋气。每组 12～15 次，重复 3 组（图 3-19、图 3-20、图 3-21）。

图 3-19　臀桥起始动作

图 3-20　臀桥终末动作

（×）

图 3-21　臀桥错误动作

(9) 仰卧举腿练习腹直肌

仰卧于瑜伽垫，躯干平贴地面，以髋关节为运动轴，保证下背部不离开垫子的同时抬起双腿。运动过程中均匀呼吸，大腿放下过程中吸气，大腿抬起时呼气。每组 12～15 次，重复 3 组（图 3-22、图 3-23）。

图 3-22　仰卧举腿起始动作

图 3-23　仰卧举腿终末动作

5. 日常生活中正确的站立姿势

站立时头顶尽量往上探，想象有一个氢气球将你的头往上拉，延长脊柱的感觉。肩膀往后旋，肩胛骨夹紧。腹部绷紧，肋骨下压。膝关节伸直但不要用力绷直。脚趾抓地，抬高足弓（见前图 1-2）。

三、驼背

1. 驼背的定义

驼背是一种较为常见的脊柱变形，是胸椎向后突所引起的形态改变。主要是由背部肌肉薄弱、松弛无力所致。大多数驼背都是由长期不良姿势引起，所以也称姿势性驼背，姿势性驼背多发于儿童青少年。

脊柱胸段过于后凸，头部前倾，颈椎屈曲深度超过 5 厘米以上。站立时头向前探，外耳道在肩峰、大转子垂直面之前。姿势性脊柱后凸被分为Ⅰ度和Ⅱ度，当做俯卧实验时，脊柱后凸完全消失为Ⅰ度；做俯卧实验时，未完全消失为Ⅱ度。

2. 驼背的表现及不良影响

驼背会导致肌肉紧张导致肩颈酸痛，甚至会压迫颈椎神经，从而引起痛和手臂麻等症状。含胸导致呼吸不顺畅，体内摄入的氧气不足，新陈代谢紊乱，体内毒素无法排除，影响身体健康。扣肩会让横膈膜处于紧张的状态，压迫大动脉和腔静脉，心脏负荷加重。腹腔的容量减小，消化系统也会受到影响，从而引起腹胀、便秘等疾病。颈椎生理曲度变直，导致对大脑供血不足，从而引起头晕、恶心等症状，使青少年整天昏昏沉沉没精神。

3. 驼背的原因

导致青少年驼背的主要因素有：遗传因素、体育锻炼量较低、形体锻炼不足、伏案学习时间长，书包重量过重、书包携带方式不正确、营养不均衡、日常生活中姿势不良、课桌椅高度不合适、睡眠时间不足、睡床软硬度不合适、父母不重视管理等原因。

4. 驼背可选择的锻炼方法组合

①仰卧泡沫轴胸椎伸展。双腿屈膝仰卧于垫子上，将泡沫轴放在上背位置，双臂屈肘、双手抱于头后；双脚支撑，稍微抬起臀部，双肘向后向外打开，胸椎向后伸展，保持住，然后慢慢还原。每组静力保持 30～40 秒，重复 2～3 组（见前图 2-13）。

②跪姿俯身胸椎旋转。手膝四点跪位于瑜伽垫上，双膝分开与臀部同宽，腰背挺直，躯干与地面平行，小腿和大腿成90°，大腿和躯干成90°。双手在肩膀正下方，手臂伸直与地面垂直。将一手放到头侧，躯干向手抬起侧的方向旋转到最大角度，然后慢慢回到原位，每侧重复练习 5 次（图 3-24、图 3-25）。

图 3-24　跪姿俯身胸椎旋转

③靠墙攀岩。锻炼者开始姿势为靠墙站立位，要求肩关节外展90°，肘关节屈曲90°，胸椎与上臂紧贴墙面。练习过程

图 3-25 跪姿俯身胸椎旋转错误姿势

中，一侧上臂向上推，另一侧上臂向下拉，每侧上臂各进行一次推拉为一个练习周期，重复进行。需要注意的是，在运动过程中上臂尽量贴于墙面，感受肩胛骨的活动。每组 8 次，重复3 组（图 3-26）。

图 3-26 靠墙攀岩

④俯卧两头起。俯卧地上，膝关节伸直，绷脚尖，两臂前举，两臂与两腿同时从两头抬起，腰背肌肉紧缩，然后缓慢还原。要求起时两腿夹紧，抬头挺胸。每组 8～12 次，重复 2～3 组（图 3-27）。

图 3-27　俯卧两头起

5. 长期坚持正确的生活习惯和姿势的重要性

经常进行体育运动，减少上网时间，保持坐立行走及学习时正确的身体姿势。加强家庭和学校监督，培养学生的良好习惯，随时提醒青少年保持正确的坐姿。鼓励青少年每日摄入富含优质蛋白和钙的食品，鼓励适度晒太阳，提高骨密度，促进肌肉的生长，增强脊柱的稳定性。

四、骨盆后倾

1. 表现及原因

骨盆后倾是指髂前上棘位于耻骨联合后方时，骨盆的位置是一种与骨盆前倾刚好相反的情况。骨盆后倾的人，腰椎和骨盆之间的弧度变小，继而可能会出现驼背、探颈等问题（见前图 1-9）。

骨盆后倾通常与伸髋肌群紧张短缩、屈髋肌群伸长无力有关。具体来说，就是大腿后侧肌群（腘绳肌）、腹肌短缩紧张，臀大肌紧张，髂腰肌、股直肌、腰背肌群薄弱，被拉长。

2. 可选择的锻炼方法组合

（1）放松腘绳肌

①用泡沫轴放松腘绳肌。坐在瑜伽垫上，双手位于身后支撑在地面上，把泡沫轴放在大腿下面，让泡沫轴充分接触大腿后侧肌肉，一条腿搭到另一条腿上，然后利用胳膊带动身体在泡沫轴上来回滚动，从腘窝处一直到臀部都要经泡沫轴充分放松，双脚脚后跟全程离地。在感觉特别疼的地方可停顿 10 秒。左右两侧都要放松，每侧 3~5 分钟，每天可进行 2~3 次。注意在移动过程中，双臂只是前后发力带动身体前后活动，不要把身体撑起从而降低大腿施加在泡沫轴上的压力（见前图2-18）。

②拉伸腘绳肌。坐在瑜伽垫上，右腿伸直，左膝屈曲，左脚放在右侧大腿内侧。坐直，腹肌收紧，右脚脚尖往回勾，整个上半身慢慢向前下方倾斜来拉伸腘绳肌，在终末端保持30~60 秒。左右两侧各重复 2~3 次。

注意：在拉伸腘绳肌的时候，很多人会向前弯腰来进行拉伸，这是错误的，这样会增加腰部损伤的风险。正确的姿势应该是挺直上身，整个上半身呈一条直线向前下方运动（见前图2-7、图 2-8）。

（2）拉伸臀大肌

站在固定的桌子或凳子前面，柔韧性越好，应选择越高的桌子或凳子。把右脚放在桌子或凳子上，尽可能保持背部挺直、腹部收紧。弯曲左膝，直到感觉右侧臀部有拉伸感，到达终末端后保持 30~60 秒。重复 2~3 次（图 3-28）。

（3）拉伸腹肌

俯卧于瑜伽垫上，只用手臂支撑身体使腰部后伸，到达

图 3-28　拉伸臀大肌

终末端后保持 30～60 秒，重复 2～3 次。

　　注意：只用手臂负重支撑，背部完全放松，可通过增加或缩小手和身体之间的距离来调整拉伸的幅度（图 3-29）。

图 3-29　腹肌拉伸

（4）弓箭步练习

　　双脚开立，弓步下蹲至两腿膝关节都成 90°，上身保持挺直状态。膝关节垂直投影不要超过脚尖，膝关节和脚尖处于同一条直线上，不能有膝关节内扣或外翻。每组练习 15～20 次，重复 3～4 组（图 3-30）。

图 3-30　弓箭步练习

（5）直腿抬高

仰卧于瑜伽垫上，呼气同时使用下腹的力量使双腿抬起，吸气同时双腿慢慢放下，一组练习 15～20 次，重复 3～4 组。

注意：在练习时，腰部不能过度离开瑜伽垫，要保持核心收紧、稳定。另外，在双腿放下时腹肌也要用力，不能让双腿松劲快速落下（见前图 3-23）。

（6）俯卧抬胸

俯卧于瑜伽垫上，双臂向前伸直，眼睛看向前方数厘米处，但不要抬头使头部后仰。双手收回到肩膀处，抬起手肘微微离地，利用肩胛骨的力量，将手肘往胸廓处抬起。用背部的力量抬高上身，微微离地，保持 3～5 秒，然后胸部慢慢放回到地面上，但手肘和前臂要始终保持离地的状态，然后慢慢再把手臂放下，回到双臂向前伸直的位置，这是一个完整的动作。要重复 15 次。

注意：练习时，脚尖不能离地，前臂和手肘要紧贴在身体两侧，脊柱保持平直，不能驼背，肩膀要向下沉，不要耸肩（图 3-31）。

图 3-31　俯卧抬胸

五、高低肩

1. 表现及原因

如果左右两侧肩膀不一样高，差距超过 0.8 厘米，就认定为存在高低肩的情况。但是，如何判断究竟是高的一侧肩膀抬高了，还是低的一侧肩膀降低了呢？可以通过一个简单的动作来大致判断：耸起肩膀，再放松，然后下压肩膀，再放松。在这两个动作中，如果觉得耸肩比较轻松，那么就是高的一侧肩膀抬高了；反之，如果觉得下压肩膀比较轻松，那么就是低的一侧肩膀降低了。一般对于青少年而言，表现出高低肩主要是由于一侧肩膀抬高造成的。背单肩包是造成高低肩的比较直接的原因，背单肩包时，单侧斜方肌上束、肩胛提肌发力来对抗书包的重量。另外，如果青少年有颈部疼痛的情况，很可能会不自觉抬高肩膀来缓解疼痛，如果颈部疼痛反复、长期存在，就可能造成肩膀持续性抬高，即使疼痛已经缓解了一段时间，肩膀抬高的情况可能还会持续存在。在出现高低肩的青少年中，抬高侧的肩胛提肌和斜方肌上束通常紧张短缩。

2. 可选择的锻炼方法组合

（1）拉伸肩胛提肌

坐在椅子上，双脚分开，背部和腹部收紧。右手在身体后侧抓住椅子边缘。将上半身向左侧倾斜，保持头部正直。这是拉伸的起始姿势。然后头部向左旋转 45°，将左手放在头后，缓慢柔和地将头拉向膝盖的方向，这样就能感到颈部和肩部的拉伸感。达到终末端后保持 30～60 秒，左右各练习 2～3 次。

（2）拉伸斜方肌上束

坐在椅子上，双脚分开，背部和腹部收紧。右手在身体后侧抓住椅子边缘，将上半身向左侧倾斜，保持头部正直。使头部向左侧屈并略向右旋转，将左手放在头部，缓慢柔和地将头向左下方压，这样就能感到颈部和肩部的拉伸感。达到终末端后保持 30～60 秒，左右各练习 2～3 次（见前图 2-1）。

（3）Y 字肩关节练习

俯卧，胸部压在瑞士球上，双脚分开与肩同宽支撑于地面，双手持小哑铃上举。肘关节保持微屈，大拇指向上保持双臂与双耳处于同一水平面上。保持正常呼吸同时挺直背部，保持身体平衡。

注意：在练习时不能耸肩，要不断提醒自己肩关节向下沉。

如果没有哑铃，可以使用矿泉水瓶代替，通过矿泉水瓶装水的多少来调节负重大小（图 3-32）。

图 3-32　Y 字肩关节练习

（4）划船练习

双脚稍分开前后站立，膝关节微屈，上身直立，双眼平视前方。前臂同地面平行，掌心向下，向后屈肘，就好像划船动作一样。保持向后打开的姿势坚持 5 秒，回到初始位置后再进行第二次动作，练习时间应达到 2 分钟。

最好对着镜子练习，以便随时观察自己在练习时的动作是否正确。在练习时，不能耸肩，肘关节要保持水平，不能往下掉（图 3-33）。

图 3-33　划船练习

六、长短腿

1. 长短腿的定义

美的主要欣赏标准之一就是平衡，我们追求健康、美观的身体姿态，所以长短一致的双腿是形体美的基础。在生活中，我们经常会看到有些青少年走路步态摇摆，或者鞋底一侧偏磨严重等情况，这就有可能是由于双腿不等长造成的。

长短腿是指人体下肢不等长。长短腿一般分为结构性和功能性。结构性长短腿即腿骨本身的长度存在差异，或者髋、膝、踝关节结构存在差异。功能性长短腿是指下肢骨本质结构上没有差异，双腿不等长是由肌肉不平衡、骨盆倾斜、脊柱侧弯等功能性造成（图 3-34）。

图 3-34　测量腿长度

2. 长短腿的表现

明显观察到双腿长度差异。放松站姿不平衡，步态异常，身体平衡感异常。长短腿会造成身体结构受力不均匀，进而导致脊柱侧弯、腰背疼痛、膝关节疼痛、扁平足、疲劳性骨折等。

自我检查长短腿方法：

A. 在仰卧放松的姿势下，屈髋屈膝，双脚平行并拢，观察两侧膝盖的高低，高的一侧小腿会长一些。

B. 在仰卧放松姿势下，屈髋屈膝，两侧大腿保持平行，观察两侧膝盖的长度。如有差异反映大腿的长度不一致。

3. 长短腿的原因

大多数功能性长短腿是由长期肌肉非自主收缩引起。例如，腰部和下背部的紧绷肌肉可以使骨盆横向倾斜，臀肌的无力和髋关节不正常旋转也可能导致长短腿。肌肉的不平衡，大多由长期错误的生活姿势和运动习惯造成。

4. 长短腿可选择的锻炼方法组合

（1）泡沫轴放松下背部

　　侧身仰卧，将泡沫轴放在腰方肌的位置，在可控的范围内来回滚动，如果腰方肌紧张会有明显的酸痛，每次 1～2 分钟，重复 3～5 次（图 3-35）。

图 3-35　泡沫轴放松下背部

（2）侧桥

　　侧卧，用肘关节支撑身体，支撑点应当位于肩部正下方。双腿平行。腹部收紧，髋部抬离地面，身体从头到脚形成一条直线。不能出现塌腰、顶髋、撅臀、头部前伸等代偿动作。每组 12～15 次，重复 3～5 组（图 3-36、图 3-37）。

（√）

图 3-36　侧桥正确动作

（×）

图 3-37　侧桥错误动作

（3）臀桥

屈膝，仰卧在地上，双脚间距略大于肩宽，略向两侧分开。臀部向上发力，以肩和上背为一个支点，双脚为另一个支点，将臀部向上顶起，中下背和大腿也一同向上抬起，直到整个躯干从肩部到膝盖基本处在一条直线上，并与小腿大致垂直。整个过程中双脚、肩和上背、双臂均保持静止，小腿也不可主动移动。臀部用力，缓慢而有控制地还原。每组 12～15次，重复 3～5 组（见前图 3-20）。

（4）"死虫子"运动

仰卧位，头颈部放松，脊椎处于中立位，屈髋屈膝各 90°并抬离地面，双臂前屈 90°并保持身体平衡；保持腹部收紧，吸气对侧肢体缓慢下落，伸髋伸膝伴随对侧手臂伸直，练习过程中保持身体平衡，体会腹部收缩感；呼气回位，吸气交换，对侧肢体活动。每组 20～30 次，重复 3 组（图 3-38）。

（5）四点支撑练习

练习者手膝位四点支撑，肩胛收紧支持躯干稳定，前臂前屈支撑身体，双手与肩同宽，腹部微收，屈膝屈髋各 90°，双腿略微分开。吸气，一侧手臂向前伸直，对侧下肢向后伸直，保持 2～3 秒后呼气慢慢收回至准备姿势；练习过程中

图 3-38　"死虫子"运动

保持躯干的稳定，体会身体后侧肌群收缩感；呼气，换对侧
肢体交替运动。每组 20～30 次，重复 3 组（图 3-39）。

图 3-39　四点支撑练习

5. 日常生活中正确的行走姿势

正确的行走姿势是一种自然的、有节律的、看似轻松不费
力的下肢运动。人在行走当中，除了下肢、骨盆在运动外，脊
柱（尤其是腰椎）也同样在不断运动。在整个行走过程中，脊
柱（尤其是腰椎）不能偏向任何一侧，而应保持中立位，否则
容易造成腰部过度的负担。正确的走路姿势有如下几点（图
3-40、图 3-41）：

①头处于正立位，两眼前视，下颌微收。

②胸部略微前挺，并在任何时候都应做到腹部内收。

③腿部支撑稳定，蹬地有力。

④脚跟先着地，身体重心由脚跟通过脚掌向脚尖方向"滚转"，最后到达脚尖。

⑤伸直下肢迈步时，双臂同时用略大一点的摆幅一前一后自然摆动。

⑥行走时每一步的步幅都应大致相同，行走速度适中。

（√）

图 3-40 正确行走姿势

（×）

图 3-41 错误行走姿势

第四章
学校可使用的身体姿态纠正操

学校作为学生的主要生活场所，应肩负起改善学生身体姿态的重任。我们根据前期研究，开发了一套适用于学校的身体姿态纠正操，可在大课间或体育课上使用。同时，还根据课堂环境，设计了几个学生在课间 10 分钟就能自己完成的练习，能有效改善身体姿势不良的情况。

一、青少年身体姿态纠正操

1. 呼吸纠正性训练

双脚分开与肩同宽，一手放置于胸廓，一手放置于腰间，深呼吸 5 次，用鼻子吸气，把气吸到下腹部，用嘴呼气，尽量把气吐干净。每次呼吸时要求双手能够感受到胸和腰的起伏。

在这个动作中，教师需要提醒学生注意保持正确的站姿，即耳垂、肩关节中心、股骨大转子、膝关节外侧中央、外踝稍前方这几个点应连成一条垂直于地面的直线（图 4-1）。

图 4-1　呼吸纠正性训练

2. 颈部牵伸练习

双脚分开与肩同宽，保持正确站姿，头部向右旋转 90°，右手放置于头后枕骨处，向右侧方用力牵伸颈部，同时沉肩。左侧牵伸则头部向左旋转 90°，左手放置在头后枕骨处，向左侧方用力牵伸颈部，同时沉肩。每侧 30 秒，每侧 2 次。

在这个动作中，教师需提醒学生牵拉颈部时要持续、均匀用力，不可猛然发力、暴力牵伸，牵拉侧的肩部不能顺着力量耸起（图 4-2）。

图 4-2 颈部牵伸练习

3. 颈部力量练习

双手握拳抵于下巴下方，在保证头部位置的情况下，头部用力向下和自身对抗。每次 30 秒，3 次。

在这个动作中，教师需要提醒学生一定要注意保持正确的头部位置和站姿，头部不能因为用力而前伸，不能驼背（图 4-3）。

4. 猫式牵伸

手膝四点跪位于瑜伽垫上，双膝分开与臀部同宽，腰背挺直，躯干与地面平行，小腿和大腿成 90°，

图 4-3 颈部力量练习

大腿和躯干成 90°。双手在肩膀正下方，手臂伸直与地面垂直。吸气，同时塌腰、撅臀，让脊柱一节一节拉长延展，呼气，同时含胸弓背让脊柱一节一节向上提起，反复进行 5 次。

在这个动作中，教师需要提醒学生在头部后仰、塌腰、撅臀时，要从头部至髋部感受脊柱一节节活动；在含胸弓背、低头时，要从髋部至头部感受脊柱一节节活动，整个动作要缓慢进行，慢慢体会脊柱一节一节活动的感觉（见前图3-2）。

5. 胸椎旋转活动

手膝四点跪位于瑜伽垫上，双膝分开与臀部同宽，腰背挺直，躯干与地面平行，小腿和大腿成 90°，大腿和躯干成 90°。双手在肩膀正下方，手臂伸直与地面垂直。将一手放到头侧，躯干向手抬起侧的方向旋转到最大角度，然后慢慢回到原位，每侧重复练习 5 次。

在这个动作中，教师需要提醒学生只活动胸椎，腰部、臀部要固定不动，不能靠转动腰部、髋部来代偿胸椎的旋转（见前图3-24）。

6. 平板支撑

俯卧于瑜伽垫上，双肘支撑，上臂垂直于地面，双足支撑（如果一开始肌力不足可以膝支撑，等到肌力增长后再改成足支撑）。身体抬离地面，躯干伸直，头部、肩部、髋部和脚踝保持在同一条直线上，腹部收紧，盆底肌收紧，均匀呼吸，保持这一动作 60 秒。

在这个动作中，教师需要提醒学生注意保持身体成一条直线，不可弓背、塌腰、撅臀（图4-4）。

图 4-4　平板支撑

7. 侧桥

侧卧于瑜伽垫上，肘撑于地面，足或膝关节撑于地面（如果一开始肌力不足可以膝支撑，等到肌力增长后再改成足支撑），抬起臀部身体成一条直线，保持 30 秒。左右各一次。

在这个动作中，教师需要提醒学生注意保持身体成一条直线，身体不能向前或向后倾斜，髋部不能旋转，不能撅臀、挺肚子、腰部下塌（见前图 3-36）。

8. 臀桥

仰卧于瑜伽垫上，双腿弯曲，双脚脚底着地，双臂平放于身体两侧。抬起臀部，使肩部、躯干、大腿成一条直线，保持 30 秒，然后回到起始位置，重复练习 2 次。

在这个动作中，教师需要提醒学生注意保持身体成一条直线，髋部不能过度向上抬，也不能塌下去（见前图 3-20）。

9. 弹力带扩胸

站立位，双脚分开与肩同宽。双手手掌朝上握紧弹力带两端，双臂外展进行扩胸练习。每组 15 次，2 组。

在这个动作中，教师需要提醒学生注意：

①每次扩胸时两侧肩胛骨要夹紧，靠肩胛骨内侧肌肉带动

肩胛骨向内侧收缩来发力完成动作，每次动作都要做到最大范围。

②不论是双臂外展还是回到起始位置的过程中都需要用力，保持匀速、有控制的动作，不可爆发用力快速拉开弹力带，也不可在回到起始位置时泄劲让弹力带一下就缩回去。

③注意保持身体的正确站姿，不能因为用力就产生错误的身体姿态（图 4-5）。

图 4-5　弹力带扩胸

10. 俯身划船

双脚前后开立，将弹力带踩在前方的脚下，双膝微屈，俯身与地面成 45°，两手握住弹力带两侧。上臂外展做划船练习。重复 15 次，共 2 组（图 4-6）。

在这个动作中，教师需要提醒学生注意：

①背部要挺直，不能圆肩驼背。

②腰部要固定不动，不能跟着动作而晃动。

③做划船动作时肩胛骨要尽量向内侧靠拢。

④注意肘关节保持 90°。

图 4-6　俯身划船

二、课间 10 分钟身体不良姿态纠正小练习

青少年在学校可以上午和下午的课间各练习 1 次。

1. 颈部力量练习

握拳顶住下巴，保持头部中立位的情况下，自我对抗。每次 30 秒，共 2 次（图 4-7）。

图 4-7　颈部力量练习

2. 颈部拉伸练习

坐位，左手压在屁股下固定，头部向右旋转 90°，右手放置于头后枕骨处，向右侧方用力牵伸颈部。右侧牵伸则右手压在屁股下固定，头部向左旋转 90°，左手放置在头后枕骨处，向左侧方用力牵伸颈部。每次 30 秒，每侧 2 次。左右各 3 次（见前图 2-1）。

3. 躯干活动度练习

手扶桌子，抬头，胸部下沉到最低，塌腰，同时吸气，感受腹部有牵拉感；低头，尽量拱起上背同时呼气，收腹，感受背部有牵拉感。在全过程中，尽量感受脊柱一节节地活动，重复 3 次（图 4-8）。

图 4-8　躯干活动度练习

4. 躯干旋转练习

坐位，挺直腰背，双手抱于胸前，肩背部用力带动上半身旋转到最大范围并保持 1～2 秒，下半身保持不动，左右各 5

次（图 4-9）。

图 4-9　躯干旋转练习

希望同学们可以在课间自己做一做这些身体活动练习，不要一直趴在桌子上。长期坚持一定会对自己的身体姿态和脊柱健康起到有益的作用。

图书在版编目（CIP）数据

青少年身体姿态纠正锻炼手册 / 周誉，冯强，王延斌著 . —北京：中国农业出版社，2021.11
ISBN 978-7-109-28541-5

Ⅰ.①青… Ⅱ.①周… ②冯… ③王… Ⅲ.①青少年—形体—训练—手册 Ⅳ.①G831.3-62

中国版本图书馆 CIP 数据核字（2021）第 142730 号

国家体育总局体育科学研究所基本科研业务费资助项目（基本 18-41）《青少年身体姿态异常筛查与综合干预方案的实施效果研究》

中国农业出版社出版
地址：北京市朝阳区麦子店街 18 号楼
邮编：100125
责任编辑：黄　曦
版式设计：杜　然　责任校对：吴丽婷
印刷：中农印务有限公司
版次：2021 年 11 月第 1 版
印次：2021 年 11 月北京第 1 次印刷
发行：新华书店北京发行所
开本：880mm×1230mm　1/32
印张：3.75
字数：110 千字
定价：25.00 元
